张莉 —— 著

古诗词中的浙江地理名胜

中国海洋大学出版社

· 青岛 ·

图书在版编目（CIP）数据

古诗词中的浙江地理名胜 / 张莉著 . — 青岛：中国
海洋大学出版社，2025. 3. —ISBN 978-7-5670-4005-2

Ⅰ. K928.705.5

中国国家版本馆 CIP 数据核字第 2024RA0523 号

GUSHICI ZHONG DE ZHEJIANG DILI MINGSHENG
古诗词中的浙江地理名胜

出版发行	中国海洋大学出版社
社　　址	青岛市香港东路 23 号　　**邮政编码**　266071
出 版 人	刘文菁
网　　址	http://pub.ouc.edu.cn
电子信箱	1079285664@qq.com
订购电话	0532-82032573（传真）
责任编辑	由元春　　　　　　　　**电　　话**　0532-85902495
印　　制	青岛国彩印刷股份有限公司
版　　次	2025 年 3 月第 1 版
印　　次	2025 年 3 月第 1 次印刷
成品尺寸	170mm × 240mm
印　　张	15.5
字　　数	300 千
印　　数	1~1000
定　　价	79.00 元

如发现印刷质量问题，请致电 0532-58700166，由印刷厂负责替换。

目 录

第一章　杭州

卧闻渔浦口，桡声暗相拨。

第二章　金华

新妇山头云半敛，女儿滩上月初明。

越船一叶兰溪上，载得金华一半青。

登台望秋月，会圃临春风。

水通南国三千里，气压江城十四州。

三重江水万重山，山里春风度日闲。

鸟声报僧眠，钟声报僧起。

长山直下小尖峰，一朵芙蓉植半空。

四山回合响幽泉，古木苍藤路屈盘。

先分楼下双溪水，高挹人间万里风。

未暇窥龙洞，何由访鹿田。

金华山色与天齐，一径盘纡尽石梯。

绿发仙人山泽癯，出游入息几曾拘。

万顷波涛惊客眼，始知中有绣川湖。

第三章　衢州

梅子黄时日日晴，小溪泛尽却山行。

林虑双童长不食，江郎三子梦还家。

浪纹来穀水，地势逼柯山。

西行已过信阳州，云是江南廿八都。

湖海凄凉地，风霜摇落天。

道出夷山乡思生，霞峰重叠面前迎。

山头孤立玉玲琤，天上何年堕景星。

第四章   嘉兴

密树重萝覆水光，珍禽无数语琅琅。

草满池塘霜送梅，疏林野色近楼台。

谁把金鱼破清暑，晚云深处待归风。

轻烟漠漠雨疏疏，碧瓦朱甍照水隅。

鸳鸯湖畔草粘天，二月春深好放船。

北关落日送船行，欲到嘉兴天已明。

雨涤山花湿未干，野云流影入栏杆。

晓云一带舞衣轻，脱体风流最惜卿。

舆图早已识尖山，地设天开障海关。

第五章   湖州

山从天目成群出，水傍太湖分港流。

第六章　　宁波

第七章　　舟山

日月双悬照九天，金塘山迥亦燕然。

才微身老一书生，水寨春深坐阅兵。

鲸海中流地，龙峰小洞天。

海隅日出照茅檐，板板频将海水添。

第八章　温州

谢公岩畔因行乐，借问周郎好在无？

灵峰观石室，杖屦穿嶙峋。

龙湫一派天下无，万众赞扬同一舌。

北尽平芜南似画，中流。谁系龙骧万斛舟？

众山遥对酒，孤屿共题诗。

俯仰两青空，舟行明镜中。

悬崖峭壁使人惊，百斛长空抛水晶。

苍江几度变桑田，海外桃源别有天。

舟子不知人未起，载将残梦上清溪。

第九章　丽水

扁舟百里莲城回，青山中断立两崖。

黄帝旌旗去不回，片云孤石独崔嵬。

苔封辇路上青山，鹤驭辽天去不还。

花影乱，莺声碎。

浮图照水光相映，古木依崖影倒悬。

尽日行方半，诸山直下看。

宝殿恢宏古刹幽，时思旌院著千秋。

丁字碑残惊梦笔，卯山丹就建元坛。

第十章　　台州

第十一章　　绍兴

杭 州

第
一
章

　　杭州，古称临安，是中国东部地区的重要城市，历史上曾是南宋的都城。这座城市见证了中国封建社会晚期的繁荣与变迁，留下了丰富的文化遗产和历史印记。杭州的丝绸、茶叶和瓷器等传统产业，不仅在国内享有盛誉，也在世界范围内传播了中国的工艺美学。

　　杭州被誉为"人间天堂"，自古以来就是文人墨客吟咏的对象。白居易的《钱塘湖春行》、苏轼的《和张子野见寄三绝句》等诗词，都描绘了杭州的湖光山色和人文情怀。这些诗词不仅反映了杭州的自然美景，也体现了诗人们对这座城市的深厚情感。

　　杭州的名胜古迹星罗棋布，西湖是其中最耀眼的明珠。除了西湖，杭州还有许多其他著名的景点，如飞来峰的灵隐寺、钱塘江的六和塔。

　　杭州，这座古老而又年轻的城市，以其深厚的文化底蕴、美丽的自然风光和蓬勃的现代气息，吸引着来自世界各地的游客。

○○○
张祜和白居易都去过的孤山寺现在还有寺吗？

钱塘湖春行
唐·白居易

孤山寺北贾亭西，水面初平云脚低。

几处早莺争暖树，谁家新燕啄春泥。

乱花渐欲迷人眼，浅草才能没马蹄。

最爱湖东行不足，绿杨阴里白沙堤。

一提到杭州，人们首先会想到西湖，西湖无疑已经是杭州的一张金名片，吸引着各方来客。其实，早在唐代，西湖已经散发着无限魅力，蜚声海外。

> 西湖最早被称为"武林水"，后来又有多个名称，如钱塘湖、明圣湖、金牛湖等。东汉时期，因华信地方官筑塘抵御钱塘江咸潮，其被称为"钱塘湖"。之所以后来被称为西湖，是因为其位于杭州城西，三面环山，东面临近市区。

白居易在唐穆宗长庆二年（822 年）被任命为杭州刺史，这首诗写于长庆三四年间的春天。诗中描绘了西湖春天的景色，包括孤山寺、贾亭、早莺、新燕、乱花、浅草等元素，展现了西湖春天的生机与活力。

白居易运用写实手法，细致描绘了西湖春天的自然景观，如"水面初平云脚低""早莺争暖树"等，使读者仿佛身临其境。

诗中运用了丰富的意象，如"乱花渐欲迷人眼""浅草才能没马蹄"等，形象生动地展现了西湖春天的景象。

明末清初的王夫之评价这首诗"自如出黔中溪箐，入滇南佳地"，认为其具有一种自然之美。金圣叹则称赞这首诗"真如天开图画也"，认为其写景如画，生动传神。

诗中提及多个景点,其中包括孤山寺。我们走过网红拐角处来到孤山,发现真的印证了那句话——孤山不孤。的确,孤山风景区其实有很多知名景点,如收藏有《四库全书》的清代著名藏书楼文澜阁;展示浙江省历史文化的浙江博物馆,当然这是孤山馆区,但里面的馆藏已经非常了不起了,雷峰塔出土的文物大都在此展出;这里曾是清朝行宫的一部分,康熙皇帝、乾隆皇帝南巡时都在这里住过,1927年为纪念孙中山先生而改建的中山公园,该公园的正门就是清代行宫的头宫门,刚好正对着西湖。中山公园的"孤"字少一点,究其原因有很多说法,其中一个就是因为被自称孤家寡人的君王建为行宫,所以少了一点以示其实并不孤;其边上就是我国著名的金石篆刻学术团体西泠印社;还有著名的"梅妻鹤子"的放鹤亭,这是为纪念宋代诗人林逋而建。这么多知名景点都承载着丰富的历史和文化价值,却唯独没有孤山寺,那孤山寺究竟去哪儿了呢?

孤山寺,又称广化寺,位于我国浙江省杭州市西湖区孤山南麓,南朝时期天竺僧人带着舍利来此地建塔开山创建,之前称为永福寺,有一千四百余年历史,是西湖边有文字可考的最古老的寺庙。历史上,孤山寺经历了多次兴废和重建,具有丰富的历史变迁。

唐代时,白居易在杭州任刺史期间,曾建竹阁并创作了多首与孤山寺相关的诗文。北宋大中祥符年间,孤山寺改名为广化寺。南宋时期,绍兴十四年(1144年),宋高宗皇帝赵构下旨将孤山寺改建为皇家道观四圣延祥观。元代时,孤山寺曾被改为万寿寺,但元末时遭到毁坏。

明代洪武初年,刘基复建了孤山寺,但后来再次倾圮。崇祯甲申年,杭州人在其外建数峰阁,陈调元再次重建孤山寺,并将汉至明代的名贤都列在其中祭祀。清咸丰十年(1861年),孤山寺因太平军的战火而遭到毁坏。清光绪年间,丁丙捐资复建了其中的部分建筑,现存于西泠印社内。中华人民共和国成立后,孤山寺一度作为培养春兰的基地,称为杭州兰苑。1957年,因为其大梁被白蚁蚀空,孤山寺被拆除。但孤山寺的遗迹,如竹阁、柏堂等,仍然可以在西泠印社内找到。

孤山寺不仅是杭州西湖边的一处重要文化遗产,也是中国佛教文化的重要组成部分,历代文人墨客在此留下了许多赞颂孤山寺的诗文,使其名声远扬。唐代诗人白居易著名的《钱塘湖春行》，就是在孤山寺创作的。

曾经声名显赫的孤山寺已经不复存在了，着实可惜，但是"孤山不孤"是西湖的一大奇景，以其丰富的旅游资源静静地伫立在西湖边，等着我们一起去探索。

○ ○ ○

楼外楼是个饭店吗？

题临安邸

宋·林升

山外青山楼外楼，西湖歌舞几时休？

暖风熏得游人醉，直把杭州作汴州。

《题临安邸》是南宋时期士人林升创作的一首著名诗作，其创作背景与当时的历史事件紧密相关。北宋靖康元年（1126 年），金人攻陷北宋首都汴梁（今河南开封），俘虏了宋徽宗、宋钦宗两位皇帝，中原国土被金人侵占。赵构逃到江南，在临安（今浙江省杭州市）即位，建立了南宋政权。

南宋时期，朝廷并没有吸取北宋亡国的教训，而是苟且偏安，对外屈膝投降，对内沉溺于声色犬马之中，政治腐败，社会风气日渐堕落。诗中所反映的，正是这种社会现实。林升通过这首诗，不仅表达了对当时社会黑暗现象的讽刺和批评，也流露出对国家民族命运的深切忧虑。

这首诗被认为是一首"墙头诗"，原无题目，是后人根据诗的内容和形式所加。林升将这首诗写在了南宋皇都临安的一家旅舍墙壁上，以此表达他的愤慨和忧虑。《题临安邸》不仅是一首文学作品，也是南宋社会历史的一面镜子，反映了那个时代的人文精神和社会状况。

诗中的"楼外楼"是一个意象，用来形容南宋都城临安（今杭州）的繁华景象。这里的"楼"指的是临安城内的高楼，而"楼外楼"则形容了一种层层叠叠、连绵不绝的高楼景象，暗示了当时临安的繁荣与奢侈。

现在的杭州，是一座历史与现代交织的城市，而楼外楼，则是这座城市美食文化的灵魂所在。自 1848 年起，它静静伫立在西湖孤山脚下，见证了无数岁月的变迁。现在的楼外楼是杭州的一家著名饭店，以"佳肴与美景共餐"而驰名，拥有一百七十年左右的历史。楼外楼创建于清道光二十八年（1848 年），由一位名叫洪瑞堂的绍兴落第文人创立。餐馆的名字来源于南宋诗人林升的诗句"山外青山楼外楼",洪瑞堂从这句诗中取了三个字作为餐馆的名字。

走进楼外楼,仿佛穿越时空,其一砖一瓦都诉说着古老的故事。而这里的美食,更是让人回味无穷。东坡肉、西湖醋鱼、龙井虾仁……每道菜都是对传统杭州味道的完美诠释。

楼外楼饭店以其传统的杭州菜闻名,招牌菜包括西湖醋鱼、龙井虾仁、叫化童鸡、宋嫂鱼羹、东坡焖肉等。此外,楼外楼饭店的地理位置优越,顾客在品尝美食的同时,还可以欣赏西湖的美景。

楼外楼不仅是一家饭店,也是杭州文化的一部分,历史上曾有许多名人光顾此地,郁达夫还在楼外楼饮酒作诗,写下了《乙亥夏日楼外楼坐雨》这首诗。如今,楼外楼饭店依然是杭州的热门旅游目的地之一,吸引着来自世界各地的游客。

○○○
山寺的"寺"是哪座寺庙，寺和庙一样吗？

忆江南·其二

唐·白居易

江南忆，最忆是杭州。
山寺月中寻桂子，郡亭枕上看潮头。
何日更重游？

忆江南·其三

江南忆，其次忆吴宫。
吴酒一杯春竹叶，吴娃双舞醉芙蓉。
早晚复相逢？

《忆江南》是唐代诗人白居易的著名组词作品，共有三首，其中"江南忆"是后两首的开头。这组词作于唐文宗开成二年（837年），当时白居易在洛阳，回忆起曾经任职的江南地区，尤其是杭州和苏州，表达了他对江南美景的深切怀念。

第一首词泛写江南春色，第二首词即以"江南忆，最忆是杭州"为开头，描绘了杭州的山寺寻桂和钱塘江观潮的景象。第三首词则回忆苏州，提到了吴宫的美酒和歌舞。

通过这些描绘，不仅表达了白居易对江南美景的怀念，也展现了他对杭州这座城市的特别情感。这些人文景点至今仍是杭州的重要文化遗产和旅游胜地。

山寺寻桂指的是杭州的天竺寺，寺中桂花飘香，尤其是在中秋时节，有传说称桂花树来自月宫，增添了神秘色彩。

在中国传统文化中，"寺"和"庙"在古代有着不同的用途和含义，但随着时间的流逝，二者在现代汉语中的使用已经有所重叠。

最初，"寺"指的是官署，是政府机构的名称。例如，汉朝的鸿胪寺是负责接待外国使节的机构。佛教传入中国后，"寺"逐渐成为佛教寺庙的专用词，用来指代佛教修行和供奉佛像的场所，如白马寺、灵隐寺等。

"庙"在古代主要是用来祭祀祖先的场所，称为宗庙。它与家族、血统有关，是供奉祖先牌位的地方。后来，"庙"的概念扩展，也用来指祭祀圣贤、英雄、自然神等的场所，如文庙、武庙、城隍庙、土地庙、龙王庙等。

在特定的语境下，人们仍会根据传统用途区分"寺"和"庙"。

在建筑形式和宗教仪式上，寺和庙也可能有所不同，但这些差异更多地体现在具体的宗教习俗和建筑风格上，而不是在词义上。

在建筑形式和宗教仪式上，"寺"和"庙"存在一些区别。

"寺"的建筑形式包括山门、钟鼓楼、大雄宝殿、藏经楼等，建筑布局多采用中轴对称，强调稳重和严谨。

庙的建筑体制通常与宫殿建筑一致，但规模较小，色彩上也有所简化。

在"寺"中，宗教仪式主要是佛教的法会、诵经、礼佛等，僧侣和信众参与，强调内心的修行和对佛法的领悟。

"庙"的宗教仪式则以祭祀为主，如祭祖、祭天、祭孔等，仪式中会有供奉、焚香、叩拜等环节，表达对祖先或历史人物的敬仰和追思。

"寺"内建有佛塔，供奉佛舍利，称为"浮屠"。我国工匠用汉式楼阁建筑技术修成佛塔，称为汉式塔，有木塔、石塔、砖塔、铁塔等多种形式。

"庙"作为祭祀建筑，其布局和结构构造与宫殿建筑一致，但在装饰和室内摆设上会带有祭祀对象的特色。

　　杭州的天竺寺，又称天竺三寺，是位于杭州市西湖区天竺山上的三座著名佛教寺院，包括下天竺法镜寺、中天竺法净寺和上天竺法喜寺。这三座寺院都拥有悠久的历史和深厚的文化底蕴。

　　下天竺法镜寺：又名三天竺，始建于东晋咸和五年（330 年），相传由印度慧理和尚所建，是天竺三寺中历史最悠久的。法镜寺现为尼姑寺院，正在恢复扩建中，拥有天王殿、圆通宝殿、药师坛场等建筑。

　　中天竺法净寺：位于稽留峰下，离法镜寺约 500 米，佛门重开，寺内有原天王殿、安养堂、三圣殿等建筑，是西湖一大寺观。

上天竺法喜寺：又名上天竺，位于白云峰下，是天竺三寺中面积最大、建筑最雄伟的，寺内殿堂众多，有肃仪亭、夜讲堂、白云堂等，四周有白云峰、白云泉等名胜。上天竺法喜讲寺始建于五代后晋天福初年（936年），由高僧道翊创建。

　　天竺三寺不仅在佛教历史上占有重要地位，而且其美丽的自然景观和丰富的文化遗产也吸引了众多游客和信众。其中，上天竺寺因苏东坡等文人墨客的游历和题咏而闻名。此外，天竺山下的天竺路也是一个充满历史和文化氛围的地方，拥有古树、古道和古玉兰等景观。

○○○
钱塘江大潮到底怎么观赏？

潮

唐·白居易

早潮才落晚潮来，一月周流六十回。

不独光阴朝复暮，杭州老去被潮催。

白居易在杭州任职时，不仅关注水利建设，而且对当地的文化生活贡献颇大。他疏浚相国井等六口井，修建堤坝，解决了饮水和灌溉问题，对杭州的湖水治理产生了深远的影响。

"一月周流六十回"形容潮水每天早晚各涨落一次，一个月内循环六十次，形象地表达了潮水的规律性以及时间的不断流逝。白居易的诗歌以平易通俗著称，其诗作老妪都能听懂，显示了他对文化普及的重视。这首诗反映了他对杭州潮水涨落的观察以及由此引发的对时间流逝的感慨。

在杭州，有一处自然奇观，每年都吸引着无数游客慕名而来。那就是——钱塘江大潮。钱塘江被誉为"天下奇观"，壮观天下无。想象一下，站在宽阔的钱塘江边，目睹潮水如万马奔腾，气势磅礴，潮声如雷，震撼心灵。这是大自然的杰作，是力量与美的完美展现。钱塘江大潮被誉为"天下第一潮"，是世界著名的自然奇观之一，它是由天体引力和地球自转产生的惯性离心力，加上杭州湾钱塘江喇叭口的特殊地形共同作用下形成的特大涌潮。

钱塘江大潮的形成，既与天时有关，也与地利密切相关。每年农历八月十六日至十八日，太阳、月球、地球几乎在一条直线上，引潮力最大。而杭州湾外宽内窄，状似喇叭，当大量潮水涌入狭窄的江道时，流速加快，潮差加剧，便形成了壮观的涌潮。

钱塘江观潮习俗历史悠久，始于汉魏，盛于唐宋，历经两千余年。钱塘江大潮不仅潮高，而且多变、凶猛、惊险，给人以强烈的视觉和心灵震撼。历代文人墨客如苏东坡等，都曾赋诗赞美钱塘潮的壮美。

钱塘江大潮的最佳观潮时间通常是在农历八月十八日前后，此时潮水最为壮观。话说观潮，杭州城里有不少打卡点，每个地点都有其独特的潮水特点，如一线潮、交叉潮、回头潮等。

每个月的农历十八前后都可以去钱塘江边观潮，杭州大江东八工段，这里的潮水壮观，可以与对岸的老盐仓媲美，观赏一线潮。小学语文课本里就有关于钱塘江大潮的描写，"只见东面水天相接的地方出现了一条白线"，完全可以对照着课本内容进行打卡。

杭州七堡，这里的潮水冲向丁字坝后形成回头潮；杭州城市阳台、杭州南星桥，这些地方的一线潮也非常有名。在九溪珊瑚沙一带，可以观赏到冲天潮的现象，是近景潮中最具欣赏魅力的潮水。

总之，钱塘江大潮以其独特的自然条件和人文底蕴，成为天下奇观，吸引着无数游客前来观赏。

○○○
九里松是地名还是松树的品种？

长相思·游西湖

宋·康与之

南高峰，北高峰，一片湖光烟霭中，春来愁杀侬。
郎意浓，妾意浓，油壁车轻郎马骢，相逢九里松。

《长相思·游西湖》是宋代词人康与之的作品。这首词以西湖的美景为背景，通过描写自然景色与人物情感的交融，展现了作者对往昔时光的怀念和对美好爱情的向往，通过描绘西湖的美景来抒发怀人之情。词中的"油壁车轻郎马骢"一句，借用了苏小小的故事。苏小小是南齐时期的钱塘名妓，她常乘油壁车出游，一日遇见了骑青骢马的阮郁，二人一见倾心，苏小小吟诗约他到西泠桥畔松柏下结为夫妇。

在杭州西湖的西畔，有一条穿越古今的绿色长廊——九里松。这里，古松参天，绿意盎然，是唐代刺史袁仁敬亲手植下的长青诗行。

漫步于九里松间，仿佛能听到唐代诗人白居易的吟唱："江南忆，最忆是杭州。"每一步都是诗意的栖息，每一眼都是画意的流转。

九里松见证了杭州的沧桑巨变，从唐代的植松之举，到明清的文人墨客，再到现代的保护与复兴，这里不仅是自然美景，更是历史的低语。

探访九里松，不仅是一次自然之旅，更是一次文化之行。在这里，你可以感受到白居易笔下的江南韵味，体验李攀龙诗中的九里松图。

九里松，一个远离城市喧嚣的宁静之地。在这里，你可以深呼吸清新的空气，放松身心，享受一段悠闲的养生时光。

九里松是传说中男女主人公初见时的地点，是钱塘八景之一，是位于葛岭至灵隐、天竺间的一段路。这里松阴浓密，苍翠夹道。清雍正《西湖志》卷三："唐刺史袁仁敬植松于行春桥（即今洪春桥），西达灵竺，路左右各三行，每行相去八九尺，苍翠夹道，阴霭如云，日光穿漏，若碎金屑玉，人行其间，衣袂尽绿。"

九里松位于洪春桥至灵隐合涧桥前一段，全长约两千米，它的成景始于唐代，唐玄宗开元十三年（725年），袁仁敬在任杭州刺史期间，政务之余喜爱游览灵隐天竺一带，于是命人在灵隐道两旁种植松树，形成了后来的九里松景观。据周密《武林旧事》卷五记载，唐代刺史袁仁敬在守杭州期间，在行春桥至灵隐、三天竺间的道路两旁种植了松树，每侧三行，全长约九里，因此得名。

这些松树随着时间的推移，逐渐长成，形成了苍翠夹道的壮丽景观，被誉为"九里云松"。

然而，在历史的长河中，九里松也经历了多次的兴衰更迭。到了宋时，集庆、灵隐等寺院的僧人自觉担负起养护松树的责任，他们分段保护这片树林，还补种了不少松树。但在明中期后，古松因斧斫而逐渐减少，九里松的景致开始衰败。到了清乾隆年间，原本万绿参天的景象已经不复存在。在嘉庆之后近两百年的时间里，九里松虽然经过重植一度恢复了旧观，但很快又遭到了破坏。

中华人民共和国成立后，九里松得到了国家的重视和保护，经过多次补植与整理，逐渐恢复了昔日的景观。20世纪80年代末，人行道外种植了槭树等落叶树，树下层种植了杜鹃，为这片古老的松林带增添了新的色彩，形成了"九里云松十里枫，林下片片映山红"的新意境。如今，九里松作为杭州西湖景区的一部分，不仅是自然美景的代表，也承载着杭州丰富的历史文化，成为游客了解杭州历史的一个重要窗口。历代文人墨客留下了许多赞颂九里松的诗文，如明代王瀛、凌云翰、余阙等都有关于九里松的诗作。

九里松见证了杭州的历史变迁，承载着丰富的文化内涵，是杭州不可或缺的一部分。

○○○
桐江现在还存在吗？

甲午出知漳州，晚发船龙山，暮宿桐庐二首 其一

宋·杨万里

一席清风万壑云，送将华发得归身。
海潮也怯桐江净，不遣涛头过富春。

杨万里的老家是江西，往返京城多取道桐庐，所以游富春江和桐庐的次数较多，留有歌咏桐庐的诗十一首。从杨万里现存诗作看，他到桐庐游富春江，第一次是在淳熙元年（1174年）。那年，他出知漳州，坐船从龙山出发，暮宿桐庐。浙江之潮，无论早潮晚汐，都是逆江上涌，在富阳以下，潮涨时江水变咸，富阳以上却影响不大。因海潮奔涌而来，行百余里，至富阳界，已是强弩之末；再上行就是桐庐境内桐江界了，潮头不得上行，于是倒流而回。诗人用"海潮也怯桐江净，不遣涛头过富春"的句子，说是因桐江水太清澈明净而胆怯，将富春江涌潮这种自然现象神化了。

在杭州的后花园，有一处被时光温柔以待的地方——桐庐桐江。这里，绿水青山，古意盎然，是人们远离尘嚣、回归自然的心灵净土。

桐江，富春江的一段传奇，承载着东汉隐士严子陵的高洁与诗人们的赞颂。如今，大家可以成为这诗意画卷中的一部分，体验"云深不知处"的幽居生活。

漫步在芦茨村的青石小径，感受茆坪村九百年的岁月沉淀，或是在石舍村的古树下静享午后时光。桐江两岸，每一步都是风景，每一眼都是风情。

探访严子陵钓台，追溯古代那些文人墨客的足迹。在桐江的碧波边，吟诵李白、杜牧的诗句，感受"浙西唐诗之路"的文化底蕴。

钱塘江顺着新安峡谷奔流而下，不舍昼夜，当它走到水系的中游——桐庐这

个地方时，似乎有了歇口气的想法，于是，富春山在此处被大自然深切一刀，江道变宽了，水势变缓了，切口这个地方，也不知哪年哪月，就生长出了鸬鹚湾、白云源。

　　浙江上游为源于歙州黟县的新安江，东流至睦州建德，与兰溪汇合，称建德江；北流至桐庐，与桐溪汇合，称桐庐江。或引《元和郡县图志》："桐庐江，源出杭州於潜县界天目山，南流至县东一里入浙江。"

> 　　桐江即浙江钱塘江干流自建德市梅城镇至桐庐县城一段。历史上指的是浙江钱塘江干流自建德市梅城镇至桐庐县城的一段。它因流经桐庐县而得名，有时也用来指代富春江在桐庐县的河段。《方舆纪要》记载，桐江"在县治南，即浙江上源也，经桐君山下，因曰桐江"。《水经注·浙江水》记载："紫溪东南流经桐庐县东为桐溪，孙权藉溪之名以为县目。"桐江长四十二千米。水道狭窄，多峡谷险滩，建有富春江水库和水电站。其两岸景色秀丽，有著名的七里泷峡谷，并有严子陵钓台等古迹。

　　桐江在历史上有着丰富的文化意义，与东汉初年隐士严光（严子陵）的隐居故事相关，严光曾在此钓鱼隐居，拒绝出仕。此外，方干的子孙在仙居县建立了桐江书院，以纪念方干。桐江书院至今仍然存在，已有八百多年的历史，是江南地区保存较为完好的书院之一，被誉为"江南第一书院"。

○○○
钱塘江的源头是浙江吗？

相和歌辞·堂堂
唐·温庭筠

钱塘岸上春如织，淼淼寒潮带晴色。
淮南游客马连嘶，碧草迷人归不得。
风飘客意如吹烟，纤指殷勤伤雁弦。
一曲堂堂红烛筵，金鲸泻酒如飞泉。

　　浙江省的名字由来与省内最大的河流——钱塘江有关。中国古代地理名著《山海经》记载，钱塘江古名为"浙江"，亦名"渐江"，浙江二字由此而来。钱塘江一名，原指流经钱唐（塘）县境的河段，民国时期方作为全江统称。此江源短流急，从高山峡谷、丘陵平原到河口海湾，支流众多。因其江流曲折，形似"之"字，古时被称为"之江"，后来被称为"浙江"。"浙江"这个名称最早出现在唐朝时期，当时将江南东道划分为浙江西道和浙江东道，这是"浙江"作为行政区名称的开始。在宋代，浙江地区被分为两浙东路和两浙西路，简称浙东路和浙西路。到了元朝，设立了江浙行中书省。明朝时期，改置为浙江行中书省，简称浙江省，这个名称一直沿用至今。

　　另外，根据出土的《竹书周易》残片，可以发现"渐"字与"浙"字在古文字中存在混同现象，这表明"浙江"也可能就是"渐江"，即钱塘江的古称。"渐"字在《周易》中有谨慎矜持的含义，与钱塘江涌潮的自然现象相符合，这可能是"浙江"名称的另一层文化含义。

　　综上所述，浙江省的名称不仅来源于其地理特征，也蕴含了丰富的历史文化意义。

　　此江曾有两源之说。南源兰江为主源，集水面积大，从建德市梅城镇（兰江与新安江交汇处）向南进发，溯兰江、衢江、常山港而上，上游马金溪，源头溪流名龙田河，河源位于安徽省休宁县龙田乡江田村青芝埭尖北坡。北源新安江，河流长，从梅城溯江而上，向西，沿着新安江、千岛湖、浙江、率水、冯村河，河源位于安徽休宁县六股尖，是为最大一级支流。兰江、新安江在建德市梅城镇汇合后至萧山区闻堰镇浦阳江口被称为"富春江"。

所以，钱塘江和浙江其实从很久以前就是一样的，它们的源头是安徽省休宁县怀玉山主峰六股尖的新安江。新安江流经浙江省域，上游被称为"新安江"；新安江与兰江在建德市汇合后被称为"富春江"，这是中游；当富春江流至杭州市闻家堰时，被称为"钱塘江"，这就是下游。这里的每一段都风景迤逦，值得一游。

○○○
雷峰夕照为何被誉为"西湖边最美的看夕阳打卡处"?

西湖十咏为李载章题
其八 雷峰夕照

明·张宁

爽朗忽苍茫,山高易夕阳。
百年歌舞地,消得几昏黄?

　　明代张宁,字靖之,号方洲,浙江海盐人,明朝中期的大臣。他于景泰五年(1454年)中进士,官至礼科给事中,后来出任了汀州府知府。张宁不仅在政治上有所建树,还是一位才华横溢的文人,擅长诗、书、画,著有《方洲集》等作品。他在任官期间,以直言敢谏著称,但也因此得罪了朝中权贵,最终郁郁不得志,以病免职,归隐乡里。

　　张宁的诗歌作品多反映了他的政治抱负、个人情感以及对自然景观的热爱。《西湖十咏》是他对杭州西湖美景的赞美,其中"其八 雷峰夕照"描写的是雷峰塔在夕阳下的壮丽景色。这首诗可能是他在游览西湖时,被当地的美景所吸引,有感而发创作的。

　　当夕阳的余晖洒满雷峰塔,西湖便开启了它最迷人的时刻。金色的光线穿透历史的尘埃,照亮了这座古老的塔身。雷峰塔位于西湖边,周围有山有水,自然景观与人文景观相结合。夕阳下的雷峰塔与周围的自然景观相映成趣,形成了一幅和谐而美丽的画面。雷峰夕照之所以闻名遐迩,首先是其美丽的自然景观:当太阳缓缓落山时,余晖洒在雷峰塔上,塔身被染上了一层金色,与周围的湖光山色交相辉映,形成了一幅动人的画面。其次就是其悠久的历史文化了:雷峰塔建于五代十国时期,有着上千年的历史,它见证了中国的历史变迁,承载了丰富的文化记忆。而且,它还有着动人的传说故事:雷峰塔与《白蛇传》中的白娘子传说紧密相连，这个故事在中国家喻户晓，为雷峰塔增添了神秘色彩。再次就是其独特的建筑艺术：雷峰塔本身是一座具有中国传统建筑特色的塔，其八角形的塔身和层层叠叠的飞檐翘角，展现了古代工匠的精湛技艺。最后就是文人墨客的赞颂：历史上许多文人墨客都曾赞美雷峰塔和雷峰夕照的美景，留下了许多脍炙人口的诗篇，进一步提升了其文化价值。

1924年，雷峰塔的倒塌成为当时的一大新闻，引起了社会的广泛关注。2002年雷峰塔的重建，不仅是对历史的修复，也象征着杭州城市的复兴。

雷峰塔内部有多个看点，包括台基二层的十六罗汉画像，一层的"雷峰塔"三字金匾，暗层的《白蛇传》木雕，二层的《吴越造塔图》，三层的诗刻陈列，四层的西湖新貌瓯塑陈设，五层的金色穹顶和佛龛中的金涂塔。雷峰塔的地宫已经向公众开放，游客可以近距离观看那些被保存下来的古砖，这些古砖是珍贵的历史见证，而里面出土的文物已经被很好地保存在浙江省博物馆等场所。

随着杭州旅游业的发展，雷峰夕照作为西湖十景之一，得到了很好的保护和开发，成为吸引游客的重要景点。

○○○

飞来峰是喀斯特地貌吗？

游灵隐寺 得来诗，复用前韵

宋·苏轼

君不见，钱塘湖，钱王壮观今已无。

屋堆黄金斗量珠，运尽不劳折简呼。

四方宦游散其孥，宫阙留与闲人娱。

盛衰哀乐两须臾，何用多忧心郁纡。

溪山处处皆可庐，最爱灵隐飞来孤。

乔松百尺苍鬈须，扰扰下笑柳与蒲。

高堂会食罗千夫，撞钟击鼓喧朝晡。

凝香方丈眠氍毹，绝胜絮被缝海图。

清风徐来惊睡余，遂超羲皇傲几蘧。

归时栖鸦正毕逋，孤烟落日不可摹。

　　本诗作于宋神宗熙宁五年（1072 年）初。本诗共十联二十句，其开篇充满哲理，而接下来的描述更让其充满了迷人的魅力。吴越王时期的"吴越之治"，使得杭州成了我国东南地区的政治、经济、文化中心，同时亦是当时的佛教中心。因而，灵隐寺得以佛光重现，在进入宋代之后获得了其发展的"第二次高潮"。在宋代诗人所写的有关灵隐寺的诗词中，首推苏轼的这首。这当然得益于他广与僧人的交游，特别是与灵隐寺住持契嵩交往。同时，他曾两次在杭州为官，亦为他深入接触和了解灵隐寺，创造了便利的条件。

　　苏轼的这首游灵隐寺的诗，虽然亦可称为七言诗，但已经脱离了原来七言律诗的格式，如第一句便只用了六个字"君不见，钱塘湖"，读起来朗朗上口，使人感到诗歌的平实和清新。而通过对寺院及周边景观和法物的描写，由内到外，层层递进，并使用动静相结合手法，将灵隐寺的庄严、神圣以及浓浓的禅意，淋漓尽致地表达了出来。

飞来峰位于杭州灵隐景区内，和灵隐寺有着密切的关系。飞来峰以其丰富的佛教文化和历史遗迹而著称，其中包括五代以来的佛教石窟造像，是我国江南地区非常罕见的古代石窟艺术瑰宝。飞来峰的东麓还有隋朝古刹下天竺寺（法镜寺），以及沿溪往西南行的中天竺寺（法净寺）和五代吴越始建的上天竺寺（法喜寺），与灵隐寺共同构成了一个悠远、深沉的佛教文化区域。

相传，印度僧人慧理来到杭州，看到飞来峰，认为它与天竺国灵鹫山相似，因此称之为飞来峰。飞来峰不仅是自然景观的代表，更有杭州禅寺的最早踪迹，具有深厚的历史和文化价值。它有五代、宋、元等时期的摩崖造像345尊，被誉为"中国石窟造像艺术中的瑰宝"。

飞来峰其实是一座石灰岩山峰，属于独特的喀斯特地貌。其实，我国拥有众多著名的喀斯特地貌，如桂林山水、云南石林、武隆天生三桥等。

"喀斯特"这三个字到底是什么意思？喀斯特地貌是一种由可溶解岩石（主要是碳酸盐岩，如石灰岩和白云岩）在水流作用下形成的地貌类型。中国南方地区，特别是广西、贵州、云南和湖南等地，拥有许多著名的石灰岩山峰和喀斯特景观。溶洞、峰林、天坑等都是其中的类型。

喀斯特这个名称来源于欧洲一个特定的石灰岩高原地区，这个地区位于南斯拉夫的西北部，现属于斯洛文尼亚。十九世纪后期，南斯拉夫地质学家对这一地区发育的奇特地貌进行了广泛研究，并用当地的地名来命名这种地貌。此后，"喀斯特"一词便成了世界通用的地质学术语。

ооо
渔浦潭是一个潭还是一汪清水？

早发渔浦潭

唐·孟浩然

东旭早光芒，渚禽已惊聒。
卧闻渔浦口，桡声暗相拨。
日出气象分，始知江路阔。
美人常晏起，照影弄流沫。
饮水畏惊猿，祭鱼时见獭。
舟行自无闷，况值晴景豁。

远游是人类进入文明时代以来探求未知、超越庸常、挣脱束缚的深刻精神需求，具有普遍性和本质性。《早发渔浦潭》是孟浩然进入越中的第一站渔浦留下的作品，在孟浩然吴越之游期间所创作的诗歌乃至其现存全部作品中，似乎不太引人注目。

渔浦，本来不是一个特指的地名，是指江河水滨可捕鱼的岸边，这个词语在全唐诗中出现的频率不低，大多是泛指，如李绅《过钟陵》诗："江对楚山千里月，郭连渔浦万家灯。"方干《送人宰永泰》诗："舟停渔浦犹为客，县入樵溪似到家。"伍乔《寄史处士》："长羡闲居一水湄，吟情高古有谁知。石楼待月横琴久，渔浦经风下钓迟。"但是，孟浩然《早发渔浦潭》诗中的"渔浦"却是六朝以来颇有影响的地点或地名，就是义桥渔浦。

义桥渔浦的出名，是魏晋南北朝时期政治中心与人群流动宏观历史运动的结果。在陆路交通不发达的时代，河流水道是主要的交通与运输通道。从太湖平原进入浙东，跨过钱塘江，有两个去向：如果去今杭州湾南岸沿海平原地带即越东地区，游览兰亭、若耶溪等地，可经过春秋时期就已修筑的浙东运河；而如果去往山阴南面以天姥山、天台山为核心的越中地区，义桥渔浦则是必经之地，渔浦是重要的交通枢纽，是进入越中的第一站。渔浦既然是富春江、钱塘江与浦阳江三江交汇之处，渔浦潭之潭则是深水窝。无论是前往永嘉，还是畅游富春江走内地水路，渔浦都是必经之地。《文选》李善注引《吴郡记》："富春东三十里，有渔浦。"说的是从渔浦潭登上越中大地。唐代诗人一般从这里溯流而上，踏上越中这块神奇的土地。渔浦风景也就在诗人笔下流淌，渔浦风光就是越中风景的"预告"。

1981年，陈桥驿先生在《历史地理》创刊号发表《论历史时期浦阳江下游的河道变迁》（以下简称《河道变迁》）提出一个新观点："湘湖以西与钱塘江之间的最后一个大湖是渔浦""渔浦又称渔浦湖""渔浦上承临浦、下为浦阳江的出口，这在南北朝的记载中极为常见"，并绘制了一张《六朝时代浦阳江下游示意图》。于是，渔浦成了永兴县境内的"一个大湖"，并被《河道变迁》称为浦阳江下游许多古代湖泊中最重要的三个大湖之一。同时，将《南史·顾宪之传》记载的"浦阳南北津"坐实为"钱塘江的渡口"，"浦阳南津位于浦阳江口的渔浦，浦阳北津位于渔浦对江的定山"。此后，1991年由陈桥驿先生主编的《浙江古今地名词典》将渔浦定性为"湖名"，称其范围"约在今萧山区西南美女山、东山头、虎爪山以西，半爿山、回龙山、冠山以东，城山以北一带，西傍钱塘江"。

事实上，在萧山县（唐天宝元年改永兴为萧山）许贤六都——因地处富春江、浙江进入越州内河水系的交通运输口岸、军事要地，萧山西南渔浦之滨兴起一个以"渔浦"为名的聚落，唐朝以后才开始成为萧山的人烟繁盛处。至宋朝，渔浦镇与西兴镇成为当时萧山县的两大镇。渔浦镇具体的位置，今已无从查考。但从唐朝末年的许贤、长山等乡人文活动以及明朝文献中有关萧山县图的"渔浦"标注看，可能就在发源于石门山、云峰山的溪流汇注渔浦的口岸。

金华

JIN
HUA

第二章

金华，古称婺州，位于浙江省中部，是中国东南沿海地区的一颗璀璨明珠。这座城市历史悠久，文化底蕴深厚，曾是古代商贸和文化的重要交汇点。金华的火腿、茶叶和木雕等传统产业，不仅在国内享有盛誉，也在世界范围内传播了中国的工艺美学。

金华被誉为"江南小邹鲁"，自古以来就是文人墨客吟咏的对象。陆游的《游金华山》等诗词，都描绘了金华的山水风光和人文情怀。这些诗词不仅反映了金华的自然美景，也体现了诗人们对这座城市深厚的情感。

金华的名胜古迹遍布全境，双龙洞是其中最耀眼的明珠。除了双龙洞，金华还有许多其他著名的景点，如八咏楼、东阳木雕博物馆等。

金华，这座古老而又年轻的城市，以其深厚的文化底蕴、美丽的自然风光和蓬勃的现代气息，吸引着来自世界各地的游客。无论是对历史文化感兴趣，还是想体验现代都市生活，金华都能提供丰富的选择和难忘的体验。

○○○
新妇山和女儿滩到底是什么景点？

自桐庐如兰溪有寄

唐·权德舆

东南江路旧知名，惆怅春深又独行。
新妇山头云半敛，女儿滩上月初明。
风前荡飏双飞蝶，花里间关百啭莺。
满目归心何处说，欹眠搔首不胜情。

一提到兰溪，人们就会想到它悠久的历史和丰富的文化遗产。兰溪位于浙江省中部，是一座有着深厚历史底蕴的城市。自古以来，兰溪就因其地理位置和水路交通的重要性而闻名，成为连接浙赣闽等地的交通要道。

兰溪不仅地理位置优越，自然风光也十分迷人。这里山清水秀，气候宜人，是典型的江南水乡风貌。兰溪的山水之间，蕴藏着丰富的自然资源和生态景观，吸引了无数文人墨客前来游览，并留下了许多脍炙人口的诗篇。

诗人权德舆在春日里独自行走在桐庐至兰溪的江路上，看到眼前的美景内心无限感慨。此诗描绘了东南江路的春日景色，新妇山头的云彩，女儿滩上的明月以及风中飞舞的蝴蝶和花间婉转的莺歌，表达了诗人满目的归心和难以言说的深情。此诗被认为是唐代描写兰溪为数不多的诗篇之一，反映出兰溪建县后即有较高的知名度，是官宦赴浙赣闽一带上任的必经之地。

"新妇"一词一般指新娘子或者用来形容美好之物，诗里用"新妇山"并不是真的有山峰叫这个名字，而是用一种比喻的手法来形容山峰娇羞，云雾缭绕，给人以美好的遐想。

女儿滩则属兰溪市女埠街道，坐落于钱塘江诗路精华南源干流兰江之上。兰溪自古为浙中水运交通枢纽，女埠则为兰江水运咽喉，这是一个因水而生、因水而兴的千年古商埠。女埠，唤名女儿浦、女儿埠，具有一千七百多年的悠久历史。据《女埠镇志》记载：据传三国吴宝鼎年间（266~269 年），东阳郡新守丁潭（会稽山阴人），乘舟经过此地时，见江边有一群浣纱的少女，遂命之为女儿浦。至清代，相传乾隆帝在此地下船时，浣纱女用捣衣板将其接上岸，乾隆帝赐名女儿埠。女埠自元代开埠，盛于明清，是历史上金衢兰通往严、杭二州的主要商道，为兰溪三大官道之一。在清代，这里有"河西都会"之称，《光绪兰溪县志》有"为四达之逵，当水陆之会，商旅所集，百货所聚"的记载，可见当时其地位非同一般。南宋至中华人民共和国成立初期的六七百年间，女埠一直有着"乘传之骑，漕输之楫，蹄相劘而舳相衔"的水运繁华景象，商埠驿道文人墨客、官贵商贾咸集，南宋诗人杨万里的一首《兰溪女儿浦晓寒》，可窥视其时女埠承载古韵繁华、贸易生活委实自在逍遥。

女埠是浙江省历史文化名镇，这里人文荟萃，是唐代宰相舒元舆，明代御史邵玘，明代著名教育家章懋，明代诗人方太古，当代科学家王伏雄、潘复生的故里，也是南宋大理寺少卿周三畏隐居之地。另外，这里还是具有光荣革命历史的红色基地。

令人称道的是，由上街和下街组成的女埠老街全长一千四百六十米，是兰溪现有古街中保存风貌最好、体量最大的老街。买上一袋"大麻子"酥饼，走在古街上感受着历史，吹着迎面而来的风，别有一番情趣。

○○○
先有兰溪这条溪水还是兰溪这座城市？

兰溪舟中

元·萨都剌

水底霞天鱼尾赤，春波绿占白鸥汀。
越船一叶兰溪上，载得金华一半青。

此诗是以兰溪为背景，通过对水下霞光、春水波纹、白鸥、小船和茶叶的描绘，构建了一幅宁静而生动的江南水乡画面。通过"水底霞天、鱼尾赤"写出了兰溪水的清澈和生动，而"春波、绿占和白鸥汀"则通过绿色的兰溪水与白鸥形成鲜明对比，表现了春日兰溪的生机与宁静；诗人乘坐在一叶扁舟上，欣赏着大自然的美景，感到既轻盈又自由。诗人巧妙地运用色彩和动态，置身于诗中的美景之中，使人感受到春天的气息和大自然的魅力。同时，此诗也透露出诗人对自然美景的热爱和对旅途中所见所感的细腻观察。

兰溪是浙江省金华市下辖的一个县级市，而兰溪市内的兰江是钱塘江上游的主要支流之一。从地理和历史上来看，通常是先有自然地理实体，如河流，然后随着人类活动的发展，逐渐在河流附近形成聚落和城市。

兰溪市作为一个行政区划，其名称可能来源于流经该地区的兰江。兰溪市的建立和发展与兰江的水资源密切相关，兰江为该地区提供了灌溉、水运、渔业等重要的自然资源，促进了当地经济的发展和社会的繁荣。

兰江流域自古以来就有人类活动，随着时间的推移，人们在兰江流域的肥沃土地上耕作、生活，并逐渐形成了聚落。这些聚落随着人口的增长和经济的发展，最终发展为城市。因此，可以推断先有兰江这条河流，然后才有以兰江命名的兰溪这座城市。

总的来说，兰溪这个城市的命名和存在与兰江这条河流有着密不可分的联系，但具体的历史发展过程需要参考更详细的历史资料来确定。

　　兰溪还有很多风景名胜值得一去。诸葛八卦村是兰溪市的标志性景点之一，位于诸葛镇，是诸葛亮后裔的聚居地。村中的明清古民居保留完好，具有独特的九宫八卦布局，吸引了众多游客前来参观。

　　地下长河是兰溪市的另一自然奇观，位于灵洞乡洞源村。这里拥有一条长达两千五百米的地下暗河，河水清澈见底，游客可以乘船穿行于溶洞之中，体验神秘而美丽的地下世界。

　　钟池位于诸葛八卦村的中心，与周围的路面共同构成一幅八卦图，是自然与人文景观的完美结合。而兰溪中洲公园则坐落于兰江的江心，是一处风景如画的公园，为游客提供了一个宁静的环境。

　　兰溪六洞山风景名胜区同样位于灵洞乡洞源村，以其自然风光和文化遗迹吸引着游客。长乐福地则是一处拥有六百余年历史的风水宝地，保存有一百二十七座古代民居建筑。

　　芝堰村始建于南宋年间，拥有八百多年的历史，以其古建筑的年代之早、数量之多、结构之精美、保存之完整而著称。隆丰禅院则是一座历史悠久的佛教寺庙，享有"小灵隐"的美誉。

　　芥子园是著名戏剧家李渔的故居，展现了明清年代的建筑风格。此外，兰溪的江河景观也非常迷人，衢江和金华江在市区汇成兰江，河道宽广，水深流缓，是电影《昨日青空》的取景地之一。

○○○

八咏楼是怎样一座楼？

八咏诗

南朝·沈约

登台望秋月，会圃临春风。
岁暮愍衰草，霜来悲落桐。
夕行闻夜鹤，晨征听晓鸿。
解佩去朝市，被褐守山东。

沈约在南齐隆昌元年（494年）任东阳太守时，即现在的浙江金华创作了这首诗。当时，金华还不叫金华，因地处"瀫水之东，长山之阳"而被称为"东阳郡"。那一年，沈约出任东阳太守。与他同行的是僧人慧约，后来，慧约成为智者寺开山祖师。沈约天生异相，左目重瞳。当时，他已是南朝文坛上一颗耀眼的明星。他和他的朋友们，组成了南朝最杰出的文学团体——竟陵八友。他们活跃在齐永明年间，以"平上去入"为四声写新体诗。他们的诗歌，被后世称为永明体。沈约诗风清新，又透露着哀怨感伤的情调，同时代的诗歌评论家钟嵘留下一个经典评价：长于清怨。

这首诗的首句描绘了诗人登楼望月和在园中感受春风的情景，展现了他对金华自然美景的欣赏。"岁暮愍衰草，霜来悲落桐"以岁末的衰草和霜降后的落桐来表达对时光流逝和生命无常的感慨。"夕行闻夜鹤，晨征听晓鸿"则是通过夜晚行走时听到的鹤鸣和清晨出行时听到的鸿雁声，传达了诗人对自然界生物的敏感和内心的孤寂。最后两句表达了诗人放弃仕途、选择隐居生活的决心，其中"解佩"意味着辞官，"被褐"则指穿着朴素的衣物，象征隐逸的生活。这首诗运用了丰富的自然意象，如秋月、春风、衰草、落桐、夜鹤、晓鸿等，构建了一幅幅生动的自然景观。诗人巧妙地将个人情感与自然景观相结合，通过对自然变化的描写，抒发了对生命、时光和个人命运的深刻感悟。吟罢，沈约还是觉得意犹未尽，又以《八咏》中的每一句为题，作了八首长诗，就此成为诗歌史上别开生面之作。

> 八咏楼，原名玄畅楼，位于中国浙江省金华市，是沈约任东阳太守期间所建。自沈约《八咏》开金华诗歌之先声后，八咏楼开始了光彩夺目的诗歌之旅。"东阳佳山水"一次次在诗里传唱，金华的名声，也随着诗歌越走越远。据蒋金治《八咏楼》一书统计，自唐至清，提及八咏楼的诗作就有百首之多。八咏楼因而得以与王勃之滕王阁、崔颢之黄鹤楼、范仲淹之岳阳楼媲美。

诗赋满楼之外，八咏楼也是英雄之楼：朱元璋和胡大海曾在八咏楼上观察过进军路线，胡大海因往八咏楼观弩而不幸遇害。戚继光从八咏楼中得到启示，建造望楼，侦察倭寇踪迹。太平天国侍王李世贤也曾登上八咏楼检阅太平军。这与八咏楼地理位置相关，它位于唐代古城城墙转角处，类似于紫禁城的角楼。角楼是城墙防御工程的重要组成部分，起瞭望和防御作用。

一千五百多年来，八咏楼屡次被毁，虽然具体的建筑样式和结构细节已经随着时间的流逝而有所改变，但可以想象，作为一座古代的楼台，八咏楼可能具有典型的江南园林建筑特色，如飞檐翘角、雕梁画栋等。因为《八咏》之盛名以及沈约在诗歌史上的地位，自唐代以来，八咏楼就成了文人墨客心中的"网红打卡地"。提到金华似乎总要说到沈约，来金华必到八咏楼一游。八咏楼是文人墨客聚会、吟诗作对的场所，是文化交流的平台，也为文人提供了丰富的创作灵感。

金华人独爱这座诗楼，热爱这座独一无二的文化地标建筑。八咏楼屡次被毁，屡次重建，且每次都是由知府主持的重大工程。浙江省文物考古研究所研究员郑嘉励在《金华四记》里感叹："数千百年，城市面目全非，唯有八咏楼，至今巍然屹立，位置始终未改。这是城市唯一的传奇……"

直至今日，来金华的游客，也都要效仿古人，登楼远眺，抒情咏怀。行人路过八咏楼下，也会抬起头瞻仰一番。绿窗明月，白云千载，八咏楼巍然屹立，仰之弥高。这是一座楼的高度，也是文化的高度，八咏楼已成为金华乃至浙江省的一处重要的旅游景点。它不仅是沈约文学成就的象征，也是金华的一个重要地标。

○○○

为什么金华可以影响江南十四州的存亡？

题八咏楼

宋·李清照

千古风流八咏楼，江山留与后人愁。
水通南国三千里，气压江城十四州。

　　李清照是宋代著名的女词人，她的一生经历了从北宋到南宋最动荡的时期，其个人生活也在历史的潮流中充满了坎坷。宋高宗绍兴四年（1134 年），李清照因战乱避难于金华，投奔了当时在婺州任知州的赵明诚之妹婿李擢，并在酒坊巷陈氏第居住。在金华期间，她面对国破家亡的悲惨现实，感叹江山社稷的难以守护，心中充满了对国家命运的忧虑和深深的哀愁。这种情感在这首诗作《题八咏楼》中得到了充分的体现。

　　诗中"千古风流八咏楼，江山留与后人愁"表达了李清照对往昔美好时光的怀念以及对当时国事的忧虑。她感叹历史的变迁和个人命运的无奈，同时也寄托了对未来的希望。"水通南国三千里，气压江城十四州"这两句，不仅描绘了金华地理位置的重要性，也隐喻了李清照对南宋朝廷的失望和对失去国土的痛心。这首诗不仅是她个人情感的抒发，也反映了当时社会的动荡和人民的心声。李清照的诗作具有很高的文学价值和历史意义，成为后世传颂的佳作。

　　金华，古称婺州，是浙江省中部的一个重要城市，地处江南水乡，水系发达，水路可以深入江南地区，是连接南北的重要交通枢纽，自古以来因其地理位置和战略意义而具有重要性。金华又因其周边地区在历史上是江南的经济中心之一，对周边地区的经济发展有着重要的带动作用。金华是文化名城，历史上文人墨客云集，文化影响力深远，对江南地区的文化发展有着积极的推动作用。金华在政治上也具有重要性，尤其在南宋时期，由于北方领土的丧失，江南地区成为南宋政权的重要根据地，金华的地位因此更加突出，也更具有重要的军事战略意义，对江南地区的安全形势产生重大影响。

"江南十四州"这个概念在历史上有多个不同的指代，具体含义随时代和语境而变化。宋代李清照的《题八咏楼》中的"十四州"则是指宋代两浙路所辖的二府十二州，泛称十四州，包括平江（今苏州）、镇江两个府以及杭州、越州、湖州、婺州（今金华）、明州（今宁波）、常州、温州、台州、处州（今丽水）、衢州、严州（今建德）、秀州（今嘉兴）共十二个州。这个区域大致覆盖了今天江苏省南部、浙江省和上海市的全部地区。宋代的两浙路是当时经济、文化非常发达的地区，也是全国的经济重心之一。

金华作为这一区域的重要城市，其政治、经济、文化和军事地位对整个江南地区的稳定和发展具有深远的影响。

○○○
三重江水是哪三重？

对酒示申屠学士
唐·戴叔伦

三重江水万重山，山里春风度日闲。
且向白云求一醉，莫教愁梦到乡关。

戴叔伦，唐代诗人。他年轻时拜萧颖士为师，博闻强记，聪慧过人。他曾任东阳令、抚州刺史、容管经略使等职，一生经历了从仕途到隐士的转变。他虽然曾步入仕途，但他的诗中常常流露出对隐逸生活的向往。戴叔伦的诗清新脱俗、用典巧妙、意境深远、感情真挚。这首诗通过"三重江水万重山，山里春风度日闲"，描绘了一幅壮阔的自然景象，反映了诗人对自然美景的欣赏和对隐逸生活的向往。戴叔伦诗歌中常见的隐逸和闲适情调相吻合。"且向白云求一醉，莫教愁梦到乡关"，表达了他希望通过饮酒来忘却仕途的忧愁和对故乡的思念，也反映了他内心对隐逸生活的渴望。"愁梦到乡关"则透露出诗人对故乡的深切思念。戴叔伦在晚年曾上表自请为道士，这种对精神自由的追求与诗中的情感表达相呼应。

这首诗不仅表达了诗人对自然美景的赞美和对隐逸生活的向往，也反映了他对仕途的疲倦和对故乡的深切思念。通过这首诗，我们也可以窥见戴叔伦作为唐代诗人的精神世界和艺术追求。

在中国古典诗歌中，数字往往用来加强语气，进行夸张和渲染，有时候并不是指具体的数目。比如"三"这个数字常常用来表示多，但不如"九"那样强烈；"三重"可以理解为多层、多道或多段的意思，用来形容江水的曲折和深远，是一种表达对自然景观无限感慨和赞美的艺术手法，传达了江水层层叠叠、源远流长的感觉，增强了诗句的意境和画面感。

　　结合戴叔伦的仕途，他曾任东阳令，唐朝时东阳是婺州辖的一个县。此段经历与当地的山水结下了不解之缘。诗中的"三重江水万重山"，也可以联想到金华地区多山多水的地理特征。金华地处浙江省中部，有"三江六岸"之称，即钱塘江、富春江、新安江三江流域，山水环绕，风光旖旎。所以，大家不要被浙江中部的表达迷惑了，其实金华也是名副其实的水乡呢。

○○○
鸟声在唤起哪座寺的僧人？

明招杂诗四首 其一
宋·吕祖谦

鸟声报僧眠，钟声报僧起。
静中轻白日，邈视东流水。
风月有逢迎，出门聊徙倚。
传遍南北村，松间横屐齿。

　　这首诗出自宋代诗人吕祖谦之手。吕祖谦是南宋时期的文学家、思想家，出生于婺州。他在学术上兼取朱熹和陆九渊的学术长处，又有自己独到的见解，创立了婺学，在修养方法上强调存心，即保持本心的善。吕祖谦是南宋理学代表人物之一，与朱熹、张栻并称为"东南三贤"。吕祖谦还重视史学的研究，并对《左传》进行了深入的阐释和研究。他的诗作多以清新、自然著称，善于捕捉生活中的细微之处，表达淡泊明志的情怀。

　　《明招杂诗四首》是吕祖谦的一组诗作，其中"其一"最为著名，通过描绘僧人的生活，反映了诗人对清净、超脱生活的向往。诗中通过"鸟声报僧眠，钟声报僧起"开篇，营造出一种宁静的寺庙生活场景。鸟鸣和钟声是自然界和宗教仪式的结合，象征着人与自然的和谐共处。接着，诗人用"静中轻白日，邈视东流水"表达了时间的流逝和对生命流转的淡然态度。时间的流逝和东流的水，都是时间的象征，诗人在静观中领悟到了生命的哲理。诗中的"风月有逢迎，出门聊徙倚"则描绘了诗人与自然风月的互动以及在大自然的随意漫步，体现了诗人对自然美景的欣赏和内心的宁静。"传遍南北村，松间横屐齿"则具体体现了僧人生活的细节，屐齿即木屐的底部，形象地描绘了僧人在松间行走的情景，传达出一种朴素而真实的生活状态。

整首诗通过细腻的描写和深刻的内涵，展现了诗人对清净生活的向往和对自然美景的赞美，同时也反映了诗人追求内心宁静和精神自由的生活态度。

金华市武义县城东郊六千米处有一片峰峦起伏、风景秀丽的地方，当地人称其为明招山。这里不仅自然风光旖旎，更因其深厚的历史文化底蕴而闻名。

东晋时期，阮孚——"竹林七贤"之一阮咸的后代，弃官隐居于此，并在晚年舍宅建寺，即后来的明招寺。明招寺始建于东晋咸和初年，由阮瑀的曾孙阮孚所建，他预见到政治动荡，遂请求外任，途中听闻苏峻叛乱，便来到武义明招山隐居，后来将自己的住宅改建为寺。到了五代后唐，德谦禅师来到明招山，开山聚徒，弘扬佛法，使明招寺成为当时影响全国的佛教圣地。德谦禅师不仅修复了明招寺，还将其发展成为婺州、处州、衢州、福州等地的禅宗祖庭，其佛学著作丰富，影响力远播至日本。

南宋时期，著名理学家吕祖谦的家族墓地就设在明招山，他本人也曾在此守墓、著书讲学长达六年。吕祖谦的学术成就和对明招寺的贡献，使得明招山成了浙东学术的发祥地之一。他在明招寺的讲学活动，吸引了大批学子前来求学，推动了当地乃至我国整个东南地区的文化发展。

另外，明招寺还因其"敬宗收族、明理躬行、清慎勤实"的传世家风与"博采众长、经世致用"的学风实践、影响和传承，成为婺州儒学名山。明招讲院作为婺学文化之路上的重要基地，连接着金华学派和永康学派，对浙学的发展产生了深远的影响。如今，明招山依旧保留着明招寺、明招讲院以及吕祖谦家族的墓葬群，成为研究南宋文化和理学的重要场所。来到这里，人们不仅可以欣赏到秀美的自然风光，更能感受到那股从历史深处传来的浓浓书香和文化气息。

○○○
尖峰山到底有多尖？

芙蓉晴翠

明·杜桓

长山直下小尖峰，一朵芙蓉植半空。
雨霁袭衣岚气湿，春深照眼翠光浓。
真形图画开奇观，萧寺楼台隔几重。
造华秀钟人物盛，前贤高出浙河东。

《芙蓉晴翠》是明代进士杜桓所作，是《金华十咏》的开篇之作，成为金华的文化符号。这首诗通过描绘尖峰山的美景，表达了诗人寄情山水的情感寄托和崇尚自然的审美追求。诗中的"长山直下小尖峰"形象地描绘了尖峰山的山势，"一朵芙蓉植半空"则以芙蓉花比喻山峰，表现了其亭亭玉立、高洁脱俗的姿态。"雨霁袭衣岚气湿"描绘了雨后的山岚，给人一种清新湿润的感觉，"春深照眼翠光浓"则表现了春天里山峰的翠绿欲滴，生机盎然。此诗通过生动的意象和细腻的笔触，展现了芙蓉峰的秀丽和高洁。

尖峰山位于中国浙江省金华市城北，山势拔地而起，奇峰陡峭，形状像一个尖锐的山峰，它还有个别名叫芙蓉峰，因其山形秀丽，像一朵芙蓉花。

尖峰山的尖顶在视觉上给人以挺拔、高耸之感，这也是它得此名的原因之一。当然，"尖"是相对而言的，其海拔四百二十七米，并不是特别高或特别险峻的山峰，但因其独特的山形和地理位置，在金华地区非常显眼，成为金华的自然地标之一。从金华城向北远眺，尖峰山如同一朵盛开的芙蓉花，极具辨识度。尖峰山的尖顶尖峰山不仅是金华人的天然地标，更是他们的精神象征。外出远行的金华人用"一日不见尖峰山就要掉眼泪"来形容自己的思乡之情，它寄托了金华人对家乡的眷恋和乡愁。为什么一座山能够成为金华人的精神寄托呢？

尖峰山，古时的芙蓉山，潜岳的别称，是金华北山群峰中的一颗璀璨明珠。据《金华府志》记载，尖峰山因"一名潜岳，又名尖峰山"而闻名。清代的《读史方舆纪要》赋予了它更为生动的形象，称其"孤山特秀，状若芙蓉"。

历代金华地图上，尖峰山总是以显著的地理标志被清晰标注。清代的《金华府城图》由画家吕焕章在八咏楼上绘制，以精湛的笔法记录了金华古城的风貌，尖峰山在画中傲然挺立，与北山山脉共同勾勒出古城的壮丽轮廓。

国画大师黄宾虹，金华之子，对尖峰山有着深厚的情感。他的画作多次将尖峰山的美丽景致纳入画中，成为其思乡之情的寄托。1922 年，黄宾虹在《洞天岚影图》的题跋中表达了对尖峰山的深切怀念。

尖峰山不仅是自然景观的宝地，更是金华思想文化的高地。盘溪河畔的后溪河村，是南宋理学家何基的诞生地和讲学之所。何基继承了朱熹的学说，其学术影响深远，被誉为"朱子之后，推何基为正传"。

尖峰山下，婺学的传承如同一棵参天大树，枝繁叶茂。何基的学术思想影响了一代又一代的学者，形成了"北山四先生"学术群体，他们的治学理念和精神文化，对金华乃至更广地区的学术发展产生了深远的影响。

明代旅行家徐霞客，在 1636 年的北山之旅中，被尖峰山的美景所吸引。在他的游记中，尖峰山的壮丽景色被生动地记录下来。夕阳下的尖峰山，让徐霞客发出了"与太虚同游"的感慨。

○ ○ ○
小三洞就是双龙洞吗？

小三洞
宋·于石

四山回合响幽泉，古木苍藤路屈盘。
一局残棋双鹤去，石屏空倚白云寒。

　　小三洞勾勒出一幅幽静深远的山景图，给人以宁静致远的感觉。本诗首句以"四山回合"形容山峦环绕，"响幽泉"则描绘了山间清泉的声响，给人一种幽深的感觉；通过"古木苍藤"描绘出山中古树和藤蔓的景象，"路屈盘"形容山路曲折蜿蜒，增添了一种古朴和神秘的感觉。第二句中的"一局残棋"指山中的某个角落，有未完的棋局，"双鹤去"则寓意着超脱尘世的意境，鹤在中国文化中常常象征着高洁和长寿；"石屏"则指山中的石壁，"空倚"形容其孤独，"白云寒"则增添了一种清冷的氛围。

　　诗人于石通过山、泉、古木、苍藤、棋局、鹤、石屏、白云等元素，构建了一个幽静、超脱的意境。运用了动静结合的手法，如"响幽泉"与"残棋"的静，"双鹤去"与"路屈盘"的动，使整首诗既有静谧之感，又不失生动活泼。全诗表达了诗人对自然山水的热爱以及对超脱尘世、追求精神自由的向往。

　　双龙洞是一处久负盛名的石灰岩溶洞，以其神秘莫测、瑰丽多姿的地下景观吸引着无数游客。双龙洞由内外两个大洞组成，其间以一块巨大的石屏相隔，石屏两侧分别有精巧的石穴，泉水从中潺潺流出，仿佛两条龙在吐纳呼吸，因而得名。

　　传说，古代婺州连年大旱，民不聊生，青龙和黄龙得知后，偷来天池水，拯救了百姓，却因触犯天条被王母娘娘用巨石压住脖颈，困在双龙内洞，但双龙仍顽强地仰头吐水，清澈泉水至今潺潺不绝。进入双龙洞，首先映入眼帘的是外洞，石壁上布满了历代文人墨客的题刻，记录着洞府的悠久历史。穿过石屏，内洞洞顶则悬挂着形态各异的钟乳石，地面上林立着石笋、石柱，它们在灯光的映照下，闪烁着迷人的光芒，宛如一座璀璨的地下宫殿。

至于小三洞，它实际上是双龙洞景区中的一个独立景点，并非双龙洞本身。小三洞以其独特的地质构造和密集的钟乳石群闻名。这里的钟乳石形态更加精巧细腻，色彩也更为丰富，给人以不同的视觉享受。小三洞内的石笋、石幔、石花等岩溶景观，构成了一个个奇妙的地下小世界。

○○○
极目亭和陆游之间有哪些故事？

婺女极目亭
宋·楼钥

危楼雄据郡城东，扫尽秋云快碧空。
目力不容山隔断，诗情长与酒无穷。
先分楼下双溪水，高挹人间万里风。
兴逸不知真近远，五弦声里送归鸿。

婺女星是中国古代天文学中的一个星宿名，属于二十八宿之一，是玄武七宿的第三宿，由四颗星组成。在古代，人们常常将天文现象与地理区域相对应，被称为"分野"。婺女星因其在天空中的位置，被用来指代特定的地理区域。

婺州，古代地名，位于今天浙江省金华市一带。根据古代的分野学说，婺州地区被认为是婺女星的分野，即婺女星在天空中的位置与婺州地区相对应。因此，婺州的名称与婺女星有直接的联系。在历史上，婺州因其地理位置与婺女星的对应关系而得名，体现了古代人将天文现象与地理区域相联系的一种文化现象。

极目亭位于金华市城内，又名双溪亭，登高望远，可以远眺婺南双溪及覆釜仙源的美景。根据历史记载，其最初由宋政和年间的知州黄特建造，当时被称为"双溪楼"，后来被废弃。到了绍兴年间，在双溪楼的原址上改建为亭，并由陆游题诗。

万历金华府志提及："在子城上，旧双溪阁址。"宋绍兴间，知州曹璿主持修建了此建筑。韩元吉极目亭记中提及："婺之牙城东西隅有亭，才数椽，守周彦广尝取未元章所书极目亭三大字榜其上，然栋宇狭甚，予再为婺之明年，乃辟而新焉。"

楼钥，南宋大臣、文学家，宁宗时期曾被派往婺州（今金华）任职，他在婺州任职期间，对当地的自然风光、文化古迹产生了深厚的感情，并登高望远，抒发豪情，写下了这首名篇。

南宋著名的文学家和爱国诗人陆游也曾在婺州任职，期间他创作了一首题为《婺州州宅极目亭》的诗，描述了站在极目亭上远眺的景象，表达了他对婺州山水的赞美以及对广阔世界的向往。

陆游于淳熙五年（1178年）奉皇命自蜀地东归，转赴福建担任常平茶盐公事。那年冬季，他从临安（今杭州）启程赴任，途中特意绕道兰溪，拜访了时任婺城知州的韩元吉。韩元吉热情地陪同陆游参观了新近建成的极目亭。陆游在此情此景下，挥毫泼墨，创作了《婺州宅极目亭》一诗。

随后，韩元吉又引领陆游登上了最高亭。最高亭坐落于州治之北，原是南宋右丞相叶衡私人园林中的建筑。立于亭上，可以纵览婺城的古貌、婺江的美景以及北山的壮丽景色。

叶衡，绍兴十八年（1148年）进士及第，淳熙元年（1174年）晋升为右丞相兼枢密使。他一直对陆游的才华给予高度评价，两人之间书信往来频繁。陆游在四川时，得知叶衡晋升为丞相，特寄信以示祝贺。叶衡为官清正，后因谗言被迫辞去相位，归乡不久便逝世。

最高亭是叶衡归乡后新建的亭子，如今亭在人逝，令人唏嘘。陆游在此亭中，正值寒冬，却见园中山茶花盛开，于是又作《山茶》一诗。

陆游的这些诗作，不仅表达了对叶衡的敬仰与怀念，也反映了他对时光流转和世事变迁的感慨。

"尚书曳履上星辰，小为东阳作主人。"暗指陆游自己的仕途经历和他暂时作为婺州地方官的经历。"朱阁凌空云缥缈，青山绕郭玉嶙峋。"则描绘了极目亭的壮丽景色和周围自然风光的美丽。"似闻旋教新歌舞，且慰重临旧吏民"表达了陆游对当地文化生活的欣赏和对旧日同事的怀念。"莫倚阑干西北角，即今河洛尚胡尘"则透露出他对国家局势的忧虑。由此可见，整首诗读起来平易晓畅、章法整饬谨严，兼具雄奇奔放与沉郁悲凉，不仅表现了陆游对婺州自然景观的赞美，更反映了他对国家和民族命运的深切关怀。

〇〇〇
鹿田寺和赤松宫有何渊源?

游赤松宫

元·胡助

真境玄冬际,空山静窈然。
旧游如隔世,清坐欲通仙。
蓬岛虚无地,桃源小有天。
寒云依竹屋,晴雪涨丹泉。
林影日光薄,梅花春意先。
盘桓松鹤外,舒啸石羊边。
未暇窥龙洞,何由访鹿田。
山人朝觅句,羽人夜谈玄。

赤松黄大仙,原名黄初平,是东晋时期的人物,后来被尊为道教中的赤松真人。他的故事源远流长,最著名的传说是他年少时在放羊过程中遇到一位仙人,被其点化后离家至赤松山修炼,最终得道成仙。这一传说不仅体现了其个人修行与精神升华的过程,也反映了中国古代对超凡脱俗生活的向往。据《金华赤松山志》记载,黄初平及其兄弟黄初起在获得道法后,人们为了纪念他们,在金华山的赤松涧西侧建立了赤松宫,以供奉赤松子及黄氏兄弟。自晋代起,赤松宫便成了香火不断的地方。

黄大仙信俗在当时中国南方尤为盛行,特别是在浙江金华地区。许多地方建立了黄大仙庙或祠堂,成为信徒朝拜的圣地。黄大仙被赋予了治病救人、消灾解厄的神奇力量,因此在民间享有极高的声望。信徒们通过祭祀活动,祈求健康、平安和吉祥。

进入宋代,赤松宫的香火达到了鼎盛时期。《浙江通志》描述赤松宫的建筑宏伟,庭院宽敞,廊庑众多,堪称江南地区道宫之首。

赤松宫不仅受到普通百姓的崇拜，历代帝王亦对其青睐。历史上共有 14 位帝王对赤松宫进行了重修、封赐、题诗，甚至赐予了封号。

宋代的皇帝们对黄大仙尤为推崇。在宋朝三百多年的历史中，包括宋真宗、宋哲宗在内的九位皇帝为赤松宫题写了匾额，赐予了封号。

史料记载，在宋元祐二年（1087 年），江南地区遭受严重旱灾，当地官员前往赤松宫祈求降雨。不久，金华地区便迎来了及时雨，缓解了旱情。元符二年（1099 年）和淳熙十六年（1189 年），宋哲宗和宋孝宗分别下诏，赞扬赤松宫的灵验。到了景定三年（1262 年），宋理宗进一步对黄初平、黄初起进行了加封，表彰他们"祈晴祷雨，随感随通"的神迹。

尽管赤松宫的原址现已被大仙湖所覆盖，但其历史遗迹依然可见。在金华观门外，两方碑刻依然矗立，其上的文字依稀可辨，见证了赤松宫昔日的辉煌与信仰的力量。

在黄大仙祖庭的西边，坐落着一片名为鹿女湖的清澈水域，它以金华山独有的自然美景而闻名，是一处典型的高山湖泊。湖边的细沙柔软，沙滩上散布着许多形态各异的奇异石头。鹿女湖四季皆宜，春天绿意盎然，夏日凉风习习，在这里可以享受岁月静好，品味生活的点滴。湖畔的鹿田村，村内有鹿田寺，现已成为鹿田书院，与鹿女湖相映成趣。在这片土地上，流传着关于玉女驯鹿耕田的传说，至今仍被人们津津乐道。

○○○○
先有金华还是金华山？

金华山

唐·袁吉

金华山色与天齐，一径盘纡尽石梯。
步步前登清汉近，时时回首白云低。
风偷药气名何限，水泛花光路即迷。
洞口数声仙犬吠，始知羽客此真栖。

金华山，是我国道教名山之一，自古以来以其秀丽的自然风光和深厚的文化底蕴而著称。作者袁吉曾任婺州刺史，这首诗就是在其任职期间所作。诗中描绘了金华山的自然美景，如山色、石梯、白云等，开篇以"金华山色"点明主题，"与天齐"形容山势高耸，直入云霄，展现了金华山的雄伟壮观；"一径盘纡"描绘了山间小径曲折蜿蜒，"尽石梯"则说明这些小径都是由石阶构成，增添了一种古朴的意趣。"步步前登"表现了诗人沿着石阶一步步攀登的情景，"清汉近"则形容越往上走，越接近清澈的银河，寓意着山的高峻。诗人在攀登过程中不时回首，看到脚下的白云，"白云低"既描绘了山高云低的景象，也表达了诗人超然物外的心境。

这首诗语言简练，意象生动，通过对金华山的描绘，展现了诗人对自然景观的热爱和赞美。诗人运用了丰富的视觉和动态描绘，如"与天齐""盘纡""步步前登"等，使读者仿佛身临其境，感受到金华山的壮阔。诗人通过对金华山的描绘，流露出一种超脱尘世、追求精神自由的情感。

金华山是龙门山脉的一支，横亘在金华市北部，古称北山，实名壶瓶山，俗名大盘尖。其面积六百多平方千米，西南起自兰溪，绵延经过婺城区和金东区的北部与东北部，东北直至义乌和浦江，横亘数县，主脉似龙脊架于东西，支脉似龙肋分泄南北，构成了山阴山阳千山竞秀、万壑争流的壮丽身姿，是金华城北的一道天然屏障。金华山横亘婺城、金东、兰溪、义乌、浦江五个县（市、区），被誉为"金华的母亲山"。金华山的名字由来有多种说法，其中一种民间传说是阿金和阿花夫妇勤劳地将山变成花的海洋，后因轩辕黄帝相助，以两瓣金花恢复花的世界，故取名金华山。历史上，金华山曾与五岳齐名，具有极高的文化地位。自古以来，金华山就是江东名山，拥有丰富的自然景观和人文历史。东晋时期，黄初平在此"叱石成羊"，为金华山增添了神秘色彩。历代名人雅士如左元放、沈约、刘长卿、戴叔伦、陆游、文天祥、徐霞客、郁达夫等都曾到访此地，留下了许多传说和故事。

金华山在秦汉时期已闻名吴越地区，而金华城的建立则是后来的事情，因此人们常说"先有金华山，再有金华城"。根据史料记载，三国时期，东吴在此设立了东阳郡，晋朝延续了这一设置。南朝梁时设立了缙州，后来又改名为金华郡。隋朝时改为婺州，唐宋继续这一设置。元朝时期，婺州被改为婺州路。据明万历《金华府志》记载，金华城地处婺女金星座，属金星与婺女星争华之地，故名金华。明成化《金华府志》载："梁武帝改东阳为金华郡，盖以山名之也。"可见，金华城这一名字的由来是城之北有金华山，故名金华。

金华山自然风光秀美奇绝，人文积淀深远厚重，历经两千多年漫漫历史长河的洗礼，龙文化、茶文化、山水文化、名人文化、帝王文化兼收并蓄，成为荟萃古婺文化的重要宝库，承载着婺州文化的历史传承。

○○○
方岩是不是以方形的岩石为主？

寄方岩

宋·高翥

绿发仙人山泽癯，出游入息几曾拘。
种花甚少四时有，谏草不多千古无。
阅世眼高磨日月，好贤名重满江湖。
行藏到得无心处，钟鼎山林岂异涂。

此诗的开篇即用"绿发仙人山泽癯"这一意象，描绘了仙人的形象。"绿发"象征着仙人的超凡脱俗，"山泽癯"则暗示了仙人隐居山林的清高生活。"出游入息几曾拘"表达了仙人自由自在的生活状态。"种花甚少四时有"描绘了仙人虽不常种花，但四时皆有花的意境。"阅世眼高磨日月"抒发了诗人对世事洞察的感慨，而"好贤名重满江湖"则通过江湖意象，表现了诗人对贤人的敬仰。"行藏到得无心处"表达了诗人对于人生的深刻思考，认为真正的隐逸是达到无心的境界。"钟鼎山林岂异涂"则是说无论是富贵荣华还是山林隐逸，都是人生的道路，表达的是一种超然物外的哲学思想。

这首诗通过对方岩山的描绘，表达了对大自然美景的热爱和对隐逸生活的向往，蕴含了深厚的文化意蕴，如"仙人""无心"等，体现了道家追求自然、无为的生活哲学。

> 方岩位于永康市城东二十五千米处，山岩奇特，山峰兀自耸立，犹如粗壮敦实的擎天圆柱，伸入云霄，一座座山峰在涌动的云端若隐若现，有如人间仙境，远望又如城堡方山，故而得名。

方岩属典型的丹霞地貌，砂砾岩软硬相间，胶结紧而成层，奇峰突起，山势陡峻，怪石嶙峋，绝壁垂岩，形成了龟形山、笋状山及石鼓、石钟、石林等，而且往往是峰下有石窟，洞旁有飞瀑，石洞石坑形态各异，奇岩怪石千姿百态，形成了峰、石、洞、谷、瀑、泉一应俱全的独特山川风貌。其整个景区包括方岩山、五峰、南岩、石鼓寮、灵山湖、烈士陵园、状元湖等八大景区，大自然的鬼斧神工造就了方岩峰险石怪，瀑美洞奇，融雄伟峻险、青山秀丽于一体的景色。

郁达夫曾在他的游记里写道："从前看中国画里的奇岩绝壁，皴法皱叠，苍劲雄伟到不可思议的地步，到了方岩，向各山略一举目，才知道南宋北派的画山点石，都还有未到之处。"

○○○
绣湖在义乌人眼中到底有多重要？

绣川湖诗

宋·赵抃

东南山水闻之久，未省人曾说义乌。

万顷波涛惊客眼，始知中有绣川湖。

本诗开篇"东南山水闻之久"，点明了赵抃对东南地区山水的向往和期待。"未省人曾说义乌"，通过对比，诗人表达了自己之前未曾听闻绣川湖之美的惊讶，这种对比突出了绣川湖的隐秘和独特。"万顷波涛惊客眼"，诗人用"万顷波涛"的视觉形象，描绘了绣川湖的壮阔景象，给人以强烈的视觉冲击。"始知中有绣川湖"，通过情感上的转折，诗人表达了自己对绣川湖美景的惊喜和赞叹，同时也体现了发现美景的喜悦。诗中的"波涛""客眼"等意象，不仅描绘了绣川湖的自然景观，也反映了诗人对这片美景的新鲜感受和深刻印象。

这首诗语言简洁明快，没有复杂的修饰，直接表达了诗人对绣川湖美景的赞美之情。诗文情感真挚而深切，通过情感的直接表达，使读者感同身受。通过这首诗，我们领略到赵抃对绣川湖美景的热爱和赞叹，这首诗也成了绣川湖的金字招牌。

绣湖，又名绣川湖，位于义乌市西部，历史上是一个很大的湖。绣湖四周被群峰环绕，云霞掩映，景色如绣，因此得名绣湖。绣湖自宋朝开始就有着重要的文化地位，湖边有大安寺塔，始建于宋大观四年（1110 年），至今已有九百多年的历史，见证了绣湖的兴衰。到了元朝，绣湖已经被收入《元史》。绣湖有二十四个景点，明朝正统年间被定为绣湖八景，这些景点包括驿楼晚照、松梢落月、画桥系马、花岛红云等。

绣湖之于义乌,如同西湖之于杭州。义乌市政府在旧城改造中注重传统文化的保护,二十世纪末,现代的绣湖公园在原址上重建,将山、水和亭、廊、榭、舫、台、阁、楼、塔等组合成集自然景观和人文景观于一体,尽可能地复原了明清时期的绣湖八景。过去的绣湖,是义乌的市中心,是许多老义乌人的记忆所在:热闹的居民区、义乌师范学校、老电影院……它们不仅仅是地标,同时也是义乌人的情怀。绣湖不仅是自然美景的宝库,也是义乌历史文化的重要组成部分,见证了这座城市从古至今的变迁和发展。

衢州

QU ZHOU

第三章

衢州位于浙江省西部，钱塘江上游，是一座具有一千八百多年历史的江南文化名城。衢州地处交通要冲，因与浙江、福建、江西、安徽四省交界，故有"四省通衢"之称。"衢"的本义就是指四通八达的道路，衢州的旅游资源十分丰富，不但有世界自然遗产江郎山，还有神奇的烂柯山，传说这里是中国围棋的发源地。常山国家地质公园中有被地质界喻为"金钉子"的标准地层剖面，这也是我国的第一枚"金钉子"。开化根博园有"天下第一奇园"的美誉，其中的五百罗汉，是用龙眼木根桩经十余年创作而成。另外，衢州还是孔氏家族南宗后裔的聚集地，他们已经在此繁衍生息了八百多年，有"南孔圣地"之美誉。这里还有被誉为"世界第九大奇迹"的龙游石窟，它的形成至今仍是不解之谜。

〇〇〇

三衢山为何被称为"江南一绝"?

三衢道中

宋·曾几

梅子黄时日日晴，小溪泛尽却山行。

绿阴不减来时路，添得黄鹂四五声。

《三衢道中》的创作背景是曾几任江西、浙西提刑时所作。春末夏初之际，诗人往返于衢州的道路上，对沿途风物颇有感受，遂咏成此诗。

这首诗是曾几游浙江衢州三衢山时所写，抒写了诗人对旅途风物的新鲜感受。诗中描写了梅子黄时的晴朗天气以及诗人在小溪泛尽后改走山路的情景，展现了山路上绿树成荫、黄鹂啼鸣的美景，表达了诗人轻松愉快的心情。

这是一首纪行诗，写了诗人行于三道中的见闻感受。首句点明此行的时间，"梅子黄时"正是江南梅雨时节，难得有这样"日日晴"的好天气，因此诗人的心情自然也为之一爽，游兴愈浓。诗人乘轻舟泛溪而行，溪尽而兴不尽，于是舍舟登岸，山路步行。一个"却"字，道出了诗人高涨的游兴。诗人将一次平平常常的行程，写得错落有致，平中见奇，不仅写出了初夏的宜人风光，而且让人领略到平凡生活中的意趣。

三衢山，不仅是浙江省衢州市的一颗璀璨明珠，更是一处集自然奇观与深厚文化底蕴于一体的旅游胜地。根据《隋志》记载，三衢山因洪水自山顶爆出，将山分为三条道路，故得名三衢山。唐《元和郡县志》记载，衢州的名字来源于三衢山，后人将三衢山誉为"衢州的母亲山"。三衢山位于浙江省常山县城以北十三千米处，是国家地质公园和国家森林公园。其地质剖面被界定为 4.5 亿年前奥陶系地质年代，被国际地质科学联合会认定为全球界线型剖面，俗称"金钉子剖面"。三衢山景区内喀斯特地貌发育完全，堪称"江南一绝"。在这里，你可以追溯至奥陶纪的古生物礁，见证地球亿万年的变迁；漫步于石灰岩石林之中，感受被誉为"江南一绝"的奇岩怪石；触摸国际地科联组织确立的地质遗产，了解地球历史的脉络；在白鹭生态旅游区，与数万只鹭鸟共享自然的和谐。

奥陶纪的古生物礁是一个充满神秘色彩的地质现象，它们是远古海洋生态系统的见证者。奥陶纪是古生代的第二纪，开始于4.8亿年前，结束于4.4亿年前。在这个时期，海洋生物多样性极为丰富，包括了众多的珊瑚、腕足动物、三叶虫等海洋生物。在奥陶纪时期，中国所在大陆遭受了广泛的海侵，形成了大面积的碳酸盐岩沉积，为古生物礁的发育提供了良好的条件。

古生物礁是由这些海洋生物的遗骸经过长时间的沉积和矿化作用形成的地质结构。它们通常由珊瑚礁、层孔虫礁、海绵礁等构成，这些生物在生长过程中会分泌钙质或硅质的硬壳，当其死亡后，这些硬壳会逐渐堆积，形成坚硬的礁体结构。

三衢山的古生物礁是奥陶纪晚期的一个巨大古生物礁，它不仅对地质学家研究古海洋环境和生物多样性具有重要的科学价值，也为公众提供了了解地球生命历史的窗口。这些古生物礁的存在，让我们得以窥见古代海洋生态系统的一角，感受到生命在地球上演化的壮丽史诗。

整个三衢山景区的地质遗迹景观非常丰富，包括了峰丛、石林、石牙、溶沟、天生桥、落水洞、漏斗和溶洞等岩溶地貌景观。这些岩溶地貌与古生物礁共同构成了三衢山独特的地质特征，被誉为"中国最古老石林"。

不仅仅是自然景观，历代文人墨客也在此留下了众多诗词赞颂。在这里，每一块石头都有故事。三衢山的四季各有不同的风情，春的生机，夏的热烈，秋的丰收，冬的宁静，提供了四季变换的完美体验。

赵抃是北宋时期的清官，以其清廉和刚正不阿著称，与包拯并称"铁面御史"。赵抃在任时，曾四次入蜀、五任蜀职，他以身作则，谢绝一切宴请，提出"三廉"的施政理念：廉于自身、廉于职务、廉于社会，严惩奢靡之风，使当地风气为之一变。他前往蜀地上任时，只带着一匹瘦马、一张古琴、一只白鹤和一名老仆，回京时依旧两袖清风，因此"一琴一鹤"成为其为官清廉的象征。

赵抃在任殿中侍御史时，曾上书《论正邪君子小人疏》，强调帝王要善于分辨忠奸，坚持正直用人。他不畏权贵，敢于弹劾不法官吏，包括对宰相陈执中的弹劾。赵抃的这种正直和坚持，使他得到了"铁面"的称号。

在三衢山，赵抃的清廉故事和遗迹是游客可以亲身感受和瞻仰的。赵抃年轻时曾在三衢山西坡山腰的一处石室面壁苦读，这个地方后来被命名为"赵公岩"，以纪念他廉明自守的精神。后人常自发到此焚香、敬拜，以颂其德，现存石刻诗多处。

○○○
白居易最先打卡点赞的江郎山究竟美在哪儿？

江郎山
唐·白居易

林虑双童长不食，江郎三子梦还家。
安得此身生羽翼，与君来往醉烟霞。

　　因为白居易的父亲白季庚于唐贞元四年始任衢州别驾，白居易随父寓居衢州三年。机缘巧合，使他与衢州有了一段梦牵魂萦的情结，写下不少有关衢州脍炙人口、流传千古的诗篇。白居易在衢州期间，遍访了名胜古迹、风土人情，在游览了江郎山后，写下此诗，这是见诸文字最早赞美江郎山的诗。

　　诗中的"林虑双童"出自隋朝卢太翼避难林虑山，与弟子以岩为庐，欲成不食人间烟火的神仙的典故。"江郎三子"则源自江郎、江亚、江灵三兄弟羽化成江郎山的传说。后面二句则表达了诗人对江郎山的赞誉——希望自己能生出翅膀来，与江郎山相依相伴，沉醉于江郎山缥缈的烟霞之中。

　　江郎山，一座大自然赋予的杰作，矗立在浙江省江山市的西南部，以其奇峰、险崖、幽谷和丹霞地貌的瑰丽，吸引着无数游人的目光。这里不仅是国家 5A 级旅游景区，更是世界自然遗产的一部分，承载着地球演变的亿万年记忆。

　　江郎山是一个白居易、辛弃疾、徐霞客都去过的"网红打卡点"。它是一处充满神秘色彩和自然奇观的丹霞地貌景区，不论是在中国还是世界范围内都是不可多得的老年期高位孤峰型丹霞地貌自然景观，以其雄伟奇特的三爿石著称于世。

　　江郎山的自然景观奇峻，拥有中国丹霞第一奇峰、全国之最的一线天、天然造化的伟人峰等景点景观。其中，三爿石是江郎山最著名的标志，由石峰郎峰、石柱亚峰、石墙灵峰组成，三块巨石就像从地面上长出来的三根石笋，形似一个"川"字，高约三百六十米，拔地而起，如神兵巨斧力劈而下，一分为三。这些巨石不仅形状最具特色，还被誉为"神州丹霞第一峰"，从远处望去，宛如刀削斧劈，巍然屹立的巨人，令人肃然起敬。除了自然景观，江郎山还融合了山川、洞穴、云海、瀑布等自然奇观，群山苍莽，绿树成荫，隐约可见龙潭藏于深窟中，泉水如虎奔流。当云雾弥漫时，烟岚迷人，霞光闪烁间，山与天融为一色，仿佛置身仙境。

徐霞客曾三次游江郎山，他把江郎山与雁荡山、黄山和鼎湖峰进行比较，极力赞叹江郎山的"奇""险""神"。

在江郎山，您可以体验到丰富的文化古迹，从开明禅寺的钟声到江郎书院的墨香，每一处都是历史的低语、文化的传承。站在郎峰之巅，您还可以俯瞰云海翻腾、山川绵延，体验"登天"的豪迈与自由。始建于宋天禧二年（1018年）的开明禅寺，已历经千年，香火绵延不绝，庇佑一方平安。由唐代名儒祝东山长子祝钦明创建的江郎书院，更是闻名遐迩，誉满江南，鼎盛时在书院求学者达四千多人，曾有一榜及第四十余人的傲人成就和辉煌历史。还有神奇的峡里风，日落而起，日出而止，有风则晴，无风则雨，这样的自然景观，堪称一绝。

○○○

烂柯山和穀水具体指哪里的山水？

三衢道中

宋·李纲

行色虚无里，人声烟霭间。浪纹来穀水，地势逼柯山。
浅濑通舟涩，飞桥跨石弯。风高云冉冉，滩急水潺潺。
野迥松篁秀，境幽鸡犬闲。轻装因路险，隐耳觉言蛮。
村酿酤来薄，溪鳞买得悭。浦晴鸣雁浴，林暝舞鸦还。
寺僻殿阁古，堂虚苔藓斑。僧房清夜宿，幽梦到乡关。

很多人知道曾几的《三衢道中》，其实李纲的这首也很有名。该诗描绘了初夏时节三衢山道中幽美的景象。这首诗不仅是李纲的代表作之一，而且在南宋初期诗坛上具有重要的地位。此诗通过生动活泼的语言和景象描写，展现了自然美景与诗人情感的和谐融合，体现了诗人对自然景观的敏锐观察和深刻感受。两位诗人在内容和风格上各有特色，但都以描绘三衢山的自然美景为主题，展现了宋代诗人对自然景观的热爱和描绘能力。

穀水，又称瀫水，是流经浙江省衢州市龙游县的一条河流，也是衢州的母亲河。它上承徽州文化，下接金华八婺，孕育出了别具特色的三衢文化。古籍中常将其写作"穀水""穀江"或"穀溪"，北魏郦道元的《水经注》中就有记载："浙江又东北流至钱塘县，穀水入焉。"穀水之名可能始于《汉书·地理志》中的记载："大末，穀水东北至钱塘入江。"

穀水的名称来源于水波纹，北宋乐史的《太平寰宇记》中提到："穀江。《舆地志》云：'其水波瀫交错，状如罗穀之文，因以为名。'"这表明穀水因波纹如绉如穀而得名，状若天孙之锦云，是古人对衢江美景的早期赞誉。

唐武德四年（621年），在衢置州，江随地名，衢江由此得名。衢江不仅是衢州的交通要道，也是商贸繁盛之地。宋熙宁十年（1077年），衢州州城商税名列浙江第二，显示了其经济的繁荣。

衢江沿岸还有不少风景点，可以慢慢去看看。

烂柯山之所以驰名，不仅因为其自然风光秀丽，更因其背后丰富的历史传说和文化积淀，其中最广为人知的便是"王质遇仙"的传说，这一故事在《述异记》中有所记载："晋时王质伐木至，见童子棋而歌，质因听之。童子与一物与质，如枣核，质含之不觉饥，俄顷童子谓曰：'何不去？'持起视，斧柯烂尽，既归，无复时人。"烂柯山由此得名，烂柯也成为围棋的别称，其传说已入选国家级非物质文化遗产保护名录，近几年在此举办的围棋比赛非常多。

廿八都是排行二十八的古都吗？

至廿八都

清·赵吉士

西行已过信阳州，云是江南廿八都。

不数江南犹未数，前村后郭路相通。

三百多年前，清代学者赵吉士不禁赞叹这座深山小镇——廿八都。赵吉士是清朝时期的一位官员和学者，原籍安徽休宁，后入籍杭州。赵吉士在顺治八年（1651年）中举，康熙七年（1668年）被任命为交城知县，并在任内表现出了卓越的治理能力。他在任期间，以清廉著称，甚至"家计半为官赔"，这在当时是难能可贵的。

许多人对这座古镇为什么叫"廿八都"感到奇怪。当然，它以前不叫这个名字，古称道成。宋朝时在乡以下设都，江山设都四十四，道成地属二十八都，此后就一直沿袭这个名称。在江山市，还保留着四都、八都、廿七都、卅二都等地名。

> 廿八都因历史上军事和商旅要道——仙霞古道而兴。廿八都古镇位于浙江衢州江山，地处浙闽赣三省交界处，距今已有一千多年。它是一个藏于深山之中的浙西古镇，历史上曾是军事要地和商贸中心，人口流动频繁，形成了独特的"文化飞地"现象。

在浙江的绿水青山间，廿八都古镇静卧于历史的长河中。自唐宋时期起，这里便是军事与商贸的重镇，见证了无数历史的风起云涌。古镇的街道，由鹅卵石铺就，两旁是明清时期的古建筑，一砖一瓦都刻着时间的印记。

穿行于廿八都，仿佛走进了一座活生生的古建筑博物馆。三十六幢古建筑，风格迥异，浙式、闽式、赣式、皖式建筑交相辉映，精雕细琢的门楼、飞檐翘角，无不展现着古人的智慧与匠心。

廿八都不仅是地理的交汇点，更是文化的大熔炉，这里汇聚了一百四十二种姓氏和十三种方言，形成了独特的文化飞地。民间艺术如木偶戏、对山歌等非物质文化遗产，至今仍然活跃在古镇的每个角落。

枫溪水悠悠，古镇依山傍水，生态环境优美。89% 的绿化覆盖率，清新的空气，让人仿佛置身于世外桃源。在这里，可以远离城市的喧嚣，享受自然的宁静与和谐。

发现廿八都，你可以开启一段穿越时空的旅程。你可以站在珠坡桥上感受一下古镇的赛歌，体验古镇的活力与欢乐。

廿八都古镇，一个遗落在大山里的梦，正等待着您的探索与发现。在这里，每一步都是历史的回响，每一眼都是文化的盛宴。

○○○
常山"两浙首站，八省通衢"与招贤古渡有何关系？

晚过招贤渡

宋·陆游

老马骨巉然，虺𬴯不受鞭。
行人争晚渡，归鸟破秋烟。
湖海凄凉地，风霜摇落天。
吾生半行路，搔首送流年。

南宋时期，中原地区被金国占领，南宋政权偏安江南，国家分裂，民族矛盾尖锐。陆游作为一位爱国诗人，一生致力于抗金复国，但屡遭挫折。《晚过招贤渡》中诗人所表达的对人生旅途的感慨，对时光流逝的无奈，正是这种时代背景下文人的普遍心态。

南宋文人普遍面临着理想与现实的矛盾，他们渴望建功立业，但又不得不面对残酷的现实。陆游创作《晚过招贤渡》的背景是在淳熙六年（1179年），当时朝廷召他回京述职，但在途中，朝廷又让他留在衢州待命。在这年的深秋，陆游被任命为提举江南西路常平茶盐公事，他匆匆收拾行装赴任。在途经常山招贤时，陆游被熙熙攘攘、热闹争渡的情景所震撼。看着眼前来往于古渡那行色匆匆的人们、空旷的常山江、凋零的落叶，他思绪万千，写下了《晚过招贤渡》这首诗。

陆游的这首诗通过老马、行人、归鸟等意象以及对湖海、风霜的描写，深刻反映了文人在动荡时代的境遇和心境。

诗中的"湖海""风霜"等意象以及"搔首""送流年"等表达，都蕴含着深厚的文化内涵。"湖海"象征着广阔的世界和诗人的胸襟，"风霜"则暗喻着人生的艰辛和岁月的无情。这些意象和表达方式体现了南宋文人的文化底蕴和情感表达。

这首诗不仅反映了陆游对国家事务的关心和对个人境遇的感慨，也展现了他对生活的深刻洞察和对自然的敬畏之情。

招贤古渡在历史上商贾云集，自古就有浙西名渡之美誉。这个古渡口位于临江，长长的一条街用青石板铺就街心，虽窄不足六尺，但站在街边望江，可以看到江水碧绿、青山巍峨的景象。

常山，位于钱塘江源头、闽浙赣皖四省边际，是浙江的西大门，史称"两浙首站"。其建县于东汉建安二十三年，迄今已有一千八百多年历史，历史上是连接南方八省的水陆转运、舟车汇集之地，素有"八省通衢，两浙首站"之称。招贤古渡是官渡，是衢州至江西、徽州的必经之地，也被称为"常山古代十景之一"，自古就有"浙西名渡"之美誉。

在浙江的中心地带，有一座历史悠久的古城——常山。这里，不仅是"两浙首站"，更是"八省通衢"，见证了千年的商贸繁华与文化交流。走进常山，可以探索历史的痕迹，体验文化的韵味，感受"两浙首站，八省通衢"的独特魅力。走进常山，仿佛穿越回南宋，招贤古渡边，陆游、杨万里的诗篇仍在耳边回响。在这里，一砖一瓦都诉说着故事，每一条街道都流淌着历史。

招贤古渡，碧水环绕，青山相拥。漫步在古渡边，感受江风拂面，看白鹅戏水，享受一段宁静的田园时光。古渡不仅见证了繁荣的商贸，更是文人墨客的灵感之源。陆游、杨万里等宋代诗人在此留下了许多脍炙人口的诗篇。

昔日的商船贸易中心，如今依旧保留着那份繁荣与活力。招贤古渡，不仅是历史的见证，更是现代商贸与旅游的融合之地。漫步在古街，探访修缮后的招贤古渡，体验杨万里诗歌纪念馆和宋诗博物馆，感受古代商贸的繁华和文人墨客的风雅。

○○○
中国四大古关口之一的仙霞岭今安在？

仙霞岭
宋·朱熹

道出夷山乡思生，霞峰重叠面前迎。
岭头云散丹梯耸，步到天衢眼更明。

朱熹的《仙霞岭》以诗人独特的视角，勾勒出一幅山川与乡愁交织的画卷。

开篇"道出夷山乡思生"，诗人在异乡的山道上行走，不禁唤起对故土的深深眷恋。随后，"霞峰重叠面前迎"，晨曦照耀下，重峦叠嶂的山峰宛如向行者致意，营造出一种既亲切又神秘的氛围。"岭头云散丹梯耸"，描绘了云雾散去后，显露出的赤色石阶，直指天际，既显现了山的峻峭，也隐喻了攀登的不易与挑战。结句"步到天衢眼更明"，随着诗人步伐的升高，视野愈发开阔，心灵亦随之得到净化和提升。

全诗通过精致的笔法，不仅捕捉了仙霞岭的壮美景色，更传达了诗人对家乡的无限眷恋以及面对挑战时的坚毅精神。朱熹用简练的词句，巧妙地将个人情感与自然景观融为一体，赋予读者丰富的艺术享受。

仙霞岭，坐落于浙江省江山市保安乡，作为仙霞山脉的顶峰，其海拔高达一千四百多米，以险峻著称。自古以来，它便是浙江与福建的交通要道。岭上的仙霞关，以其三百六十级台阶、二十八道曲折和十千米的长度，被誉为"东南锁钥"和"八闽咽喉"，是兵家必争的战略要地。

仙霞关，与剑门关、函谷关、雁门关并称为中国四大古关口，不仅承载着军事防御的重任，也是历史上商贸和文化交流的桥梁。关隘的雄伟与险峻，加之丰富的历史文化遗产，如古代练兵场、四道关门、石砌古道等，使得仙霞关成为浙江省乃至全国重要的历史文化旅游景点。

在武侠小说《笑傲江湖》中，仙霞岭也占有一席之地，成为日月神教与恒山派交锋的背景，为其增添了一抹神秘色彩。

仙霞关的四道关隘，东北和西南各两关，均以坚固的条石构建，每一关都占据地形之利，由麻石古道相连。其中，仙霞第一关以其六米的高度和六十米的宽度，展现出不可逾越的气势。

仙霞古道，自唐代开凿以来，一直是连接浙江与福建的重要通道。到了南宋，古道铺设麻石，拓宽为七尺官道，成为商贸往来的繁忙路线。明朝时期，仙霞古道更是成为浙闽赣地区物资交流的要道。

如今，仙霞岭不仅以自然风光和深厚的人文历史吸引着游客，更以其在历史长河中的重要地位，成为人们探索和缅怀的宝贵遗产。朱熹的《仙霞岭》诗，正是在这样的背景下，细腻地描绘出仙霞岭的壮丽景色和深沉的思乡之情，将个人情感与自然景观巧妙融合，不仅捕捉了仙霞岭的壮美，更传达了诗人对家乡的眷恋以及面对挑战时的坚毅精神，给人以深刻的艺术体验。

○○○

景星山又被称为"老虎山"，是因为山头孤立如百兽之王吗？

过景星山山顶一石立又名突星山

宋·杨万里

山头孤立玉玲珑，天上何年堕景星。

四面万峰非不峻，如何只是一峰青？

杨万里一生多次经过衢州，留下了许多诗文，其中编入《诚斋集》的就达三十多篇。现存其明万历及以后诗均被编入《诚斋集》，并且这些诗有个共同特点，就是巧妙地摄取自然景物的特征和动态，且语言平易浅近、自然活泼，都是典型的"诚斋体"。

> 景星山又被称为"老虎山"，是因为山形似卧虎而得名。它位于浙江省江山市市区南端，东临须江，为城南屏障。其主峰老虎岩，海拔两百七十八米，是擎天矗立的丹霞奇岩巨石。主峰顶巅，虎头岩拔地而起，顶天立地，这矗立擎天的红褐色奇岩巨石，虽经风霜雨雪的历劫，光秃斑驳，但仍不失奇伟壮观之雄姿，显示了鬼斧神工之妙。老虎岩是一个不规则的柱体，有十多层楼那么高，四周一二十人张开双臂还合围不拢，站在它面前，脸朝天才能仰视。虎背并不宽阔，能集合数十人，上面尽是狗齿形的层岩。虎背南端，有一突起的岩石，好似弓起又下垂的老虎尾巴。通观石虎，其坐南朝北，雄踞山巅，栩栩如生，那高昂的虎头，眈视江城，气宇不凡，独特奇伟。

老虎山以其独特的丹霞地貌拔地而起，山石奇峻，形态各异，犹如一只蓄势待发的猛虎，守护着这片古老的土地。它见证了江山东门王氏的变迁。自北宋熙宁年间，王氏一族在此扎根，历经风雨，见证了无数历史的沧桑。

走进老虎山，就是踏上一段穿越时空的文化之旅。东岳殿的庄严肃穆、景星塔的古朴典雅、宾旸洞的神秘莫测，每一处都充满了故事与传说。在虎山森林公园中深呼吸，感受清新空气带来的净化。沿着山间小径，探索烟萝洞的幽深，体验龙泉的清冽，让心灵在大自然的怀抱中得到释放。

　　嘉兴，这座坐落在苏杭之间的城市，与绍兴、宁波隔江而望，被誉为"鱼米之乡""丝绸之府""文化之邦"。这里地势平坦，河流纵横，京杭大运河蜿蜒其中，为嘉兴带来了得天独厚的水运条件，成为国内内河航运的重镇。得益于发达的水系，嘉兴也展现出了典型的江南水乡风貌。

　　嘉兴不仅拥有江南水乡的朦胧美，还有钱江大潮的壮观景象。海宁的钱江潮被誉为"天下奇观"，每逢农历八月十五，潮水汹涌澎湃，声势震天。这一天，也成了传统的观潮节，吸引着无数游客。

　　嘉兴的民风淳朴，历史源远流长。这里是马家浜文化的发源地，可以追溯到七千年前。春秋战国时期，这里曾是吴越争霸的古战场，因此有"吴根越角"之称。三国时期，因境内野稻自生，孙权认为这是吉祥之兆，故命名为"禾兴"，后为避太子孙和的讳，改称"嘉兴"，这个名字一直沿用至今，已有一千八百年的历史。

　　南宋时期，随着江南政局的稳定，许多达官贵人在南湖周围兴建了园林别墅，其中烟雨楼便是著名的代表。此外，嘉兴作为"鱼米之乡"，物产丰饶，是一片富饶的土地。

　　嘉兴，一座融合了古典与现代、自然与人文的城市，正以其独特的魅力，吸引着世界各地的游客前来探寻。

〇〇〇
秀州通越门外八九里究竟有哪些秀美风景？

秀州通越门外八九里临水多佳木茂树
以便风不得停舟一赏怆然为诗

宋·苏舜钦

密树重萝覆水光，珍禽无数语琅琅。
惊帆瞥过如飞鸟，回首风烟空断肠。

这么长的诗名，反复核对才发现，秀州/通越门外/八九里/临水/多佳木茂树/以便风/不得停舟/一赏/怆然为诗，这样的停顿方式，既符合古诗词的朗读节奏，也有助于表达诗句的意义。其中，"秀州"是地名，"通越门"指的是该地的城门或地标，"八九里"指的是距离，"临水"表明了地理位置靠近水体，"多佳木茂树"形容树木茂盛，"以便风"指风顺或风力适宜，"不得停舟"表示因为风力或其他原因不能让船只停靠，"一赏"意味着匆匆一瞥或短暂欣赏，"怆然为诗"则表达了诗人因所见景致而感慨并作诗的情感。

这是北宋诗人苏舜钦的作品。苏舜钦（1008—1048年），字子美，号沧浪翁，是北宋时期著名的文学家，与梅尧臣并称"梅苏"。他的诗作风格豪放，常在作品中表达自己的愤世嫉俗之情。

这首诗的创作背景与苏舜钦的个人经历密切相关。苏舜钦因支持范仲淹的庆历新政，遭受守旧派的排挤和打压。他被罢免官职，之后流寓到苏州，并在那里建造了沧浪亭，过上了隐居的生活。

诗中所描绘的秀州，即今天的浙江省嘉兴市，通越门是秀州城的一座城门。诗名中提到的"八九里临水多佳木茂树"，形容的是秀州城外的自然风光，而"以便风不得停舟一赏"则表达了诗人因风势太大而无法停下来欣赏美景的遗憾。最后，"怆然为诗"揭示了诗人内心的忧伤和无奈。诗中运用了丰富的意象，如"密树重萝覆水光"和"珍禽无数语琅琅",通过这些生动的描写,展现了一幅美丽的江南水乡画面。

通过这首诗,我们不仅能够感受到苏舜钦对自然美景的热爱,同时也能体会到他因政治失意而产生的忧愁和对时局的无奈。这首诗作是苏舜钦在个人遭遇与时代背景下情感的真实流露。诗中所描绘的江南水乡风光以及诗人对美好事物的向往和无法实现的哀愁,构成了一种特殊的美学意境,给人以深刻的艺术享受。

秀州通越门外的意思是出此门向西就是越国之地。通越,字面含义,指这道城门外就是越国了。虽然没有明确的记载通越门是以前的分界线,但是在嘉兴洪合镇有一座国界桥,这就是确定记载的国家分界处了。通越门前有从杭州方向来的运河,在此折向穿城而过,北去苏州,而东面海盐过来的水系,经过绕城河也在此汇合。古时此地有"湖天海月阁"之称,往来船只以此阁为进入嘉兴西门的标志。

通越门是嘉兴的古城门,俗称西门,依据老城图纸可推知,通越门在现在的范蠡湖(小公园)附近。

西段北侧,为古代最早发现金鱼的地方。元代《嘉禾志》记载,后唐时,秀州刺史丁延赞在此地发现金鲫鱼,设金鱼池饲养,这是有文字记载的我国最早发现并饲养金鱼的地方。

通越门外的嘉兴三塔是一组位于京杭古运河畔的古建筑,它们不仅是嘉兴古城的重要标志,也是大运河沿线的著名景点。据史料记载,三塔始建于唐代,原址在原茶禅寺前,因地处白龙潭旁,水深流急,常有船只遇险,故建塔以镇之。三塔曾作为航标,指引船只安全航行。三塔由三座九层砖塔组成,中间一座稍高,约十五米,塔内无梯可攀,每层壁嵌有铁制的浮雕佛像,饰以白、黑、红三色。

○○○
沈括笔下的秀州城的秋天美在何处?

秋晚客兴

宋·沈括

草满池塘霜送梅, 疏林野色近楼台。
天围故越侵云尽, 潮上孤城带月回。
客梦冷随风叶断, 愁心低逐雁声来。
流年又喜经重九, 可意黄花是处开。

这首诗创作于北宋时期,属于七言律诗的体裁。这首诗描绘了秋日秀州(今浙江嘉兴一带)的景色,诗中通过对草、池塘、霜、梅花、树林、楼台、天际、潮水、孤城、落叶、雁声、重阳节和菊花等自然元素的描写,表达了诗人对季节变换的感受和情感体验,展现出秋天的宁静和美丽。沈括晚年居住在镇江,他的诗作常常表现出对自然景观的热爱和对时令变化的敏感。《秋晚客兴》这首诗通过丰富的意象和情感,展现了诗人对秋天景色的深刻感受和内心世界的抒发。

秀州是中国古代的一个州名,五代晋天福三年(938年)吴越国置,治所在嘉兴县(今浙江嘉兴市)。其辖境相当今浙江省的杭州湾以北(不含海宁市)、桐乡市以东地区及上海市所属吴淞江以南地区。北宋属两浙路。南宋属两浙西路。庆元元年(1195年)因孝宗诞生之地升为嘉兴府。宋曾置市舶司于此。

其实,现今嘉兴的美景很多,乌镇、西塘等古镇的幽静,海盐钱江塘的壮阔都可圈可点,但是嘉兴城里的秋天美景却很容易被人忽略。

首先要提到的是南湖,随着秋季的脚步愈发深沉,南湖宛如一幅绚烂的秋日画卷,在浙江大地上徐徐展开。这片被誉为"江南明珠"的湖泊,古时被称作马场湖或东湖，也曾有鸳鸯湖之称，象征着一对恩爱的鸳鸯，在秋日的湖面上翩跹起舞。

南湖，是运河水系中的一颗璀璨明珠，不仅承载着丰富的历史沉淀，更拥有令人赞叹的自然风光。其湖水与长水塘和海盐塘相连，又通过平湖塘和长纤塘流向远方。其四周地势开阔平坦，河网密布，交织成一幅动人的秋日水墨画。

如今的南湖，在秋风的轻拂下，湖面波光粼粼，四周的山色湖光倒映其中，构成了一幅动人的画面。树叶在秋风中渐渐染上了红黄之色，落叶纷飞，宛如金色的蝴蝶在空中起舞，与湖光山色相映成趣。人们在湖边悠然漫步，感受着秋日的宁静与美好，仿佛步入了人间仙境。

南湖，以其浓郁的秋色，成了秋天的璀璨明珠，是大自然慷慨的赠礼，也是历史的鲜活见证。每逢秋季，这里都会吸引无数游客前来游览，他们在这里留下了难忘的回忆，为秋日的画卷添上了浓墨重彩的一笔。1921 年 8 月初，中国共产党第一次全国代表大会在这里的一艘游船上闭幕，宣告中国共产党成立。从此，这里成为光荣的革命纪念地——中国共产党诞生地，载入中国革命史册。

坐落于浙江省嘉兴市南湖区新嘉街道的月河历史街区，占地总面积约 9 万平方米，其名源自街区内蜿蜒曲折的河流，形似新月环抱古城。自明清时代起，这里便发展成了一个沿河而建的热闹市集，以京杭大运河、外月河、里月河以及中基路、坛弄、秀水兜街等主要街道为骨干，形成了"三河三街"的独特布局。街区内拥有六七十条错综复杂的小巷，交织成一幅"鱼骨状"的巷道网络，深刻体现了浓厚的江南水乡韵味，成为嘉兴市内保存最完好、规模最大、最能展现江南水乡城市生活和文化风貌的历史街区。

月河街区的巷弄肌理，不仅承载着历史的厚重，更展现了江南水乡的传统美学。这里的每条街道、每处弄堂，都诉说着往昔的繁华与今日的宁静。人们漫步其间，可以感受到时光的流转和文化的积淀，体验到一种别样的江南风情。月河历史街区不仅是嘉兴的一张名片，更是江南水乡文化的重要载体，吸引着来自四面八方的游客，探寻那份独特的历史韵味。

在嘉兴还有一条街道，每当秋风起，便化身为一条金色的梦境——三塔路。三塔路不仅因邻近历史悠久的三塔而得名，更以其秋日的银杏美景，成为人们心中最温柔的秋日记忆。

　　漫步在三塔路上，仿佛走进了一幅流动的江南水墨画。街道两旁的银杏树，随着季节的深入，逐渐由绿转黄，最终化作一片灿烂的金色。阳光从树梢间洒落，形成斑驳的光影，为这条街道铺上了一层梦幻的色彩。

　　三塔路不仅是一条自然美景的展示长廊，更是嘉兴深厚文化底蕴的体现。沿途的古建筑、艺术工作室、特色小店，每一处都诉说着嘉兴的故事。

　　三塔路，不只是嘉兴的一条街道，它更是一段历史，一幅画卷，一首诗。在这里，我们可以用脚步去感受历史的深度，用心灵去体验秋天的温度，编织一段属于秋日的故事。

○○○
月波楼是现今可考我国人工养殖金鱼的始端吗？

月波楼

宋·郑獬

古壕凿出明月背，楼角飞来兔影中。
野色更无山隔断，天光直与水相通。
溪藏画舫青纹接，人住荷花碧玉丛。
谁把金鱼破清暑，晚云深处待归风。

郑獬，字毅夫，号云谷。郑獬自幼即以超群的才华闻名，于宋皇祐年间科举及第，被时人誉为文坛翘楚。他的官品清正不阿，所作之词清新脱俗，风格简洁而富有韵致。

在这首诗中，郑獬以生动的自然景观为画布，细腻地描绘了一幅幅如诗如画的景致，透过这些美景，传达出他对自然与生活的深厚情感。诗中，明亮的月光与楼角的剪影交织，映射出诗人内心的宁静与欢愉，流露出其对自由的渴望。

这首诗不仅表达了郑獬对自然美景的热爱，更折射出他对生活的热爱和对未来的憧憬。诗中的语言流畅优美，构建的意境深远，给人以无限的遐想。

综观全诗，郑獬以其精湛的文笔，将自然之美与内心之情完美融合，创作出一幅幅充满生机与活力的画面，让读者在欣赏美景的同时，也能感受到诗人对生活的热爱和对未来的美好愿景。

> 月波楼位于嘉兴府西北城上，下瞰金鱼池。月波楼下的金鱼池是中国金鱼最早的产地和饲养地。

相传在五代时期，嘉兴的渔民在捕鱼时常常捕到淡黄色、浅红色的鲫鱼，信佛者将其视为神奇，买回后到放生桥下放生。后来，有人将放归河泊的做法改为放养自然池塘，生意人便在一些茶肆酒楼边修筑池塘，供居士僧人放养彩色鲫鱼，招揽顾客观赏。

宋初开宝年间，吴越国秀州刺史丁延赞发现嘉兴城西北一个放生池中的鲫鱼色彩异常漂亮，于是将此池称为金鱼池。据宋《舆地记胜》记载，金鱼院在嘉兴县西北，明《嘉兴府图记》载："秀水县治北多隙地，为圃为池为亭，宋有嘉禾亭，月波楼，下瞰金鱼池。"月波楼当时在嘉兴西北的城墙上，下瞰的金鱼池在城墙内。据考证，金鱼池所在的位置，应在现在小西门横街北侧一带。

杭州人根据苏东坡在杭时作的诗中有"我爱南屏金鲫鱼"句，曾认为金鱼见于记录之始是在杭州。但在历代地方志书记载中，嘉兴发现金鱼的记录比苏东坡的诗所记的约早一百年。李时珍说金鱼"自宋始有畜者"，而嘉兴在北宋初已开始人工成群饲养金鱼，观赏金鱼，这是目前可查我国金鱼饲养和观赏的最早记载。

○ ○ ○

烟雨楼是取自"多少楼台烟雨中"的其中一处吗？

烟雨楼

宋·杨万里

轻烟漠漠雨疏疏，碧瓦朱甍照水隅。
幸有园林依燕第，不妨蓑笠钓鸳湖。
渔歌欸乃声高下，远树溟蒙色有无。
徒倚栏干衫袖冷，令人归兴忆莼鲈。

《烟雨楼》是宋代著名诗人杨万里的七言律诗。此诗以烟雨楼为创作背景，细腻勾勒出楼周的自然风光与气氛，将烟雨楼的秀丽与神秘气质表现得淋漓尽致。杨万里以其精湛的笔触，深入描绘了烟雨楼的景致，透过这些景物反映了他对自然界及人生哲理的深邃思考与感悟。

在这首诗中，烟雨楼不仅是一处美景，更成了诗人情感与哲思的载体。此诗所营造的意境深远，语言精练而富有韵致，读者仿佛能穿越时空，亲临烟雨楼，体验那份超脱尘世的美与宁静。诗作反映了烟雨楼及其周边自然风光的美丽与宁静。诗中描绘了轻烟漠漠、雨丝疏疏的景象以及园林依燕、渔歌欸乃的和谐画面，表达了诗人对自然美景的热爱和对生活的向往。这首诗不仅赞美了烟雨楼的美，还反映了宋代嘉兴地区的自然风光和文化氛围。

此外，《烟雨楼》亦映照出了宋代的社会风貌与民众的生活情景，富含深刻的时代印记与文化价值。这首诗不仅为人们提供了美的享受，更引发了对过往岁月的追忆与思考，具有重要的历史与文化意义。

> 烟雨楼，因其独特的地理位置和美丽的自然风光，自古以来就是文人墨客喜爱的创作对象。烟雨楼位于嘉兴南湖之上，其历史可追溯至五代后晋年间，最初由吴越王第四子中吴节度使、广陵郡王钱元璙建造，旨在"以馆宾客"，成为登

高望远的理想场所。烟雨楼的名称来源于唐朝诗人杜牧的诗句"南朝四百八十寺，多少楼台烟雨中"，象征着江南水乡的朦胧美。

烟雨楼在历史上几经兴废，经历了多次重建和修缮。烟雨楼不仅是江南水乡的标志性建筑，也是历代文人墨客抒发情感、创作诗词的重要场所。杨万里的《烟雨楼》正是这一文化传统的体现，通过诗的形式，诗人将烟雨楼的美丽景色和深厚的文化意义传达给后人。

明嘉靖二十七年（1548 年），嘉兴知府赵瀛疏浚市河，所挖河泥填入湖中，遂成湖心小岛。第二年，人们在岛上仿照烟雨楼旧貌，建楼于岛上，后经过扩建、重建，逐渐成为具有显著园林特色的江南名楼。乾隆六下江南，八次登烟雨楼，先后赋诗二十余首，盛赞烟雨楼。烟雨楼在湖心小岛，建起后，几经兴废，历史沧桑，直到民国七年（1918 年）嘉兴知事张昌庆会绅募捐款重建烟雨楼。

南湖的湖心岛上，烟雨楼建筑群以其独特的江南园林风格著称。整个建筑群占地约十一亩，楼、堂、亭、阁错落有致，园内布局精巧，短墙曲栏围绕，四面长堤回环，湖中有池，岛中有堤，构成了一幅动人的江南水墨画。烟雨楼正楼高约二十米，坐南朝北，面对城垣，楼前檐悬挂的"烟雨楼"匾额由董必武所书，其书法端正劲挺，堪称一代楷模。

烟雨楼的园林内，还有许多值得一游的景点。例如，楼东的青杨书屋和西边的对山斋，都是典型的江南书房；东北的八角轩和东南的四角方亭，各具特色；西南的假山，由太湖石叠成，形象逼真，威武可爱。此外，烟雨楼前的荷池，形如南湖特产无角菱，为园林增添了几分自然之趣。

每当夏秋之季，烟雨楼更是美不胜收。湖面上雾气缭绕，使得整个楼台若隐若现，仿佛置身于仙境之中。人们可以凭栏远眺，欣赏清晖堂、大士阁、古银杏树等周边景观，感受那份宁静与美好。烟雨楼不仅是嘉兴的标志性建筑，更是一处集自然美景、历史传承、文化体验于一体的旅游胜地。

〇 〇 〇

鸳鸯湖在哪里?

鸳湖曲

清·吴伟业

鸳鸯湖畔草粘天，二月春深好放船。

柳叶乱飘千尺雨，桃花斜带一溪烟。

烟雨迷离不知处，旧堤却认门前树。

树上流莺三两声，十年此地扁舟住。

主人爱客锦筵开，水阁风吹笑语来。

画鼓队催桃叶伎，玉箫声出《柘枝》台。

轻靴窄袖娇妆束，脆管繁弦竞追逐。

云鬟子弟按《霓裳》，雪面参军舞《鸲鹆》。

酒尽移船曲榭西，满湖灯火醉人归。

朝来别奏新翻曲，更出红妆向柳堤。

欢乐朝朝兼暮暮，七贵三公何足数?

十幅蒲帆几尺风，吹君直上长安路。

长安富贵玉骢骄，侍女薰香护早朝。

分付南湖旧花柳，好留烟月伴归桡。

那知转眼浮生梦，萧萧日影悲风动。

中散弹琴竟未终，山公启事成何用?

东市朝衣一旦休，北邙抔土亦难留。

白杨尚作他人树，红粉知非旧日楼。

烽火名园窜狐兔，画图偷窥老兵怒。

宁使当时没县官，不堪朝市都非故!

我来倚棹向湖边，烟雨台空倍惘然。

芳草乍疑歌扇绿，落英错认舞衣鲜。

人生苦乐皆陈迹，年去年来堪痛惜!

闻笛休嗟石季伦，衔杯且效陶彭泽。

君不见白浪掀天一叶危，收竿还怕转船迟。

世人无限风波苦，输与江湖钓叟知。

《鸳湖曲》这首诗的创作背景主要反映了明朝末年嘉兴南湖的繁荣景象以及作者吴伟业对历史变迁的感慨。

首先，从明朝末年的嘉兴南湖的繁荣景象来看，《鸳湖曲》描绘了一个充满灯火、热闹非凡的南湖景象，反映了当时嘉兴南湖的繁荣程度。明朝末年，嘉兴南湖处于历史上最繁荣的时期，生产力未受损害，丝绸业、手工业、交通都得到了发展，大运河的畅通促进了货物的流通。

其次，从作者吴伟业的个人经历和情感来看，《鸳湖曲》不仅描绘了明朝末年的繁荣景象，还通过历史人物的命运变迁，反映了作者对历史变迁的感慨。诗中通过吴昌时的故事，展现了从享乐到政治失败，再到生命终结的过程，反映了作者对历史兴衰的深刻思考。

另外，《鸳湖曲》还隐含了作者对当时社会现实的反思。通过对历史人物的描绘，诗人借古讽今，暗示当时社会的某些问题或对未来命运的担忧。这种通过历史故事来表达现实情感的手法，使得《鸳湖曲》不仅仅是一首描述历史景象的诗，更是一首富含深意的历史诗篇。

这首诗是诗人情感的自然流露，也是对人生无常的深刻体悟。它不仅展现了诗人的个人情怀，更折射出了清代社会的历史背景和人文关怀。《鸳湖曲》以其独特的艺术魅力，成为连接过去与现在的文化桥梁，让读者在欣赏文学之美的同时，也能感受到历史的厚重与情感的真挚。

人们对嘉兴南湖非常熟悉，但是提到鸳鸯湖却不一定熟知，要知道嘉兴鸳鸯湖其实是江南三大名湖之一。南湖与西南湖合称鸳鸯湖，因为两个湖泊相连形似鸳鸯交颈，古时湖中常有鸳鸯栖息，因此又名鸳鸯湖。

据宋代地理志书《舆地纪胜》卷三所记，鸳鸯湖，嘉兴之南湖泊也，因湖中鸳鸯群聚而得名，或因两湖相依相偎，形似鸳鸯而得名。湖心坐落烟雨楼，为当地一大名胜。历代文人雅士，皆对鸳鸯湖情有独钟，留下了众多赞颂之作。

　　五代时期，吴越国王钱镠之子、中吴军节度使广陵郡王钱元璙，对鸳鸯湖的美景情有独钟，在后晋天福年间（936—944年），于湖畔东侧兴建了舞榭楼台作为观赏之地，这便是嘉兴烟雨楼的前身。

　　追溯至唐德宗年间（780—804年），陆贽在鸳鸯湖的小洲上建造了宅园，园中有放鹤亭，被称为"鹤渚"。到了唐文宗时期（827—840年），宰相裴休在此兴建别墅，命名为裴岛。南宋初期，著名词人朱敦儒将其改造为放鹤洲。到了明末，贵阳太守朱茂时重建放鹤洲，并撰写了《放鹤洲记》。据清代《嘉兴府志》记载，放鹤洲占地百亩，园内建有亭榭、桥梁、楼阁及果园等，园林中的假山由叠山大师张南垣设计。当时的名流如书画家董其昌、文学家李日华等为放鹤洲题字作画，后来徐宏泽、项圣谟、戴晋等人相继创作了《放鹤洲图》。项圣谟所绘的《放鹤洲图》流传至今，现收藏于故宫博物院。

　　　鸳鸯湖畔的真如寺始建于唐至德二年（757年），后在唐大中十年（856年）由丞相裴林扩建。真如塔始建于宋嘉祐七年（1062年），历经多次重建，至顺治十六年（1659年），僧人明句募集资金重建宝塔，塔高五十三米，直径十二米，塔刹高十二米，成为当时嘉兴最高的建筑。

　　唐宋时期的鸳鸯湖，湖面宽阔，水天相接，云帆远航，飞鸟掠过。湖中的放鹤洲，亭台楼阁若隐若现。湖畔的真如寺，古刹高塔，倒影如画。东西两湖之间，长堤明亮，凌虚阁、五龙王祠矗立堤旁，五龙桥连接梅湾街，粉墙黛瓦沿湖北岸连绵。鸳鸯湖的秀美风光和丰富的人文景观，吸引了历代文人墨客，留下了无数诗画佳作。苏东坡曾有诗赞曰："鸳鸯湖上月如水，孤舟夜傍鸳鸯起。"在明初嘉禾十景中，长水和鸳鸯湖占了四景，包括长水飞帆、华严夜灯、真如雪霁和鸳湖秋月。

　　南宋时期，鸳鸯湖周围开始填湖造田，湖泊面积逐渐缩小。到了明嘉靖二十八年（1549年），烟雨楼在滮湖中新填的湖心岛上重建，成为游览胜地，鸳鸯湖的名声逐渐被滮湖取代。从此，曾经风光无限的鸳鸯湖开始衰落，南湖的名字与滮湖、烟雨楼紧密相连。清代的鸳鸯湖已难觅昔日园林的完整风貌，湖区也被称为"西南湖"，南湖成为滮湖的专名，鸳鸯湖则成为南湖的雅称，也有人将南湖和西南湖合称为鸳鸯湖。太平天国运动后，在西南湖北端的荒渚上曾建有亭榭、垂柳，开辟荷花池，称为小放鹤洲。到了民国时期，这里又再度沦为湖边的荒洲。

苏轼，曾三度踏访嘉兴，南湖成为其必游之地。在其诗作《至秀州赠钱端公安道并寄其弟惠山山人》中，便有"鸳鸯湖边月如水，孤舟夜傍鸳鸯起"之句，描绘了一幅宁静而美丽的夜景。

明代书画大家董其昌，在《烟雨楼》中亦有"湖上藕花楼上月，踏歌惊起睡鸳鸯"的诗句，以生动的笔触勾勒出湖光月色与鸳鸯的和谐画面。

至清代，浙西词派创始人朱彝尊寓居潞河时，创作了《鸳鸯湖棹歌》百首，歌咏的正是南湖。在《鸳鸯湖棹歌之七》中，他写道："百尺红楼四面窗，石梁一道锁晴江。自从湖有鸳鸯目，水鸟飞来定自双。"以鸳鸯湖为背景，表达了其对美好事物的向往与赞美。

鸳鸯，以其温文尔雅的性情和成双成对的习性，自古以来便被赋予了诸多美好的寓意。在湖面上，一对对鸳鸯或悠然觅食，或嬉戏玩耍，或翩翩起舞，或精心梳理羽毛，或脉脉含情，相互凝视，引得游人驻足观赏，拍照留念。此情此景，不禁让人想起唐代诗人卢照邻在《长安古意》中的名句："得成比目何辞死，愿作鸳鸯不羡仙。"这正是对鸳鸯忠贞爱情的颂扬，也是对人间美好情感的向往。

○ ○ ○
崇德县如今还存在吗？

衔命郊劳使客船过崇德

宋·杨万里

北关落日送船行，欲到嘉兴天已明。
睡起一河冰片满，捶琼揪玉梦中声。

此诗以晨曦送别之景为脉络，细腻勾勒出一幅动人的画面。"北关落日送船行，欲到嘉兴天已明"，开篇便以北关为起点，夕阳余晖中，船只匆忙启航，旨在黎明前抵达嘉兴，透出一股迫切与匆忙之感。"睡起一河冰片满，捶琼揪玉梦中声"，继而转入清晨，河面覆盖着冰层，伴随着冰片轻触的声响，宛如梦境中缥缈的乐章，传递出超然物外的宁静。

诗人巧妙地以"落日"与"天已明"构建出时间的紧迫感，同时营造出一种紧张而又急迫的情绪。"一河冰片满"的描写，是对清晨自然景观的精致勾勒，而"捶琼揪玉"的比喻，更是让读者仿佛能听到那清脆悦耳的声响。

全诗不仅捕捉了送别瞬间的情感，更通过对清晨河面冰封景象的描绘，展现了诗人深邃的情感和精湛的艺术造诣。通过对自然之美的感悟，诗人将读者带入一个既真实又梦幻的世界，感受那份宁静与和谐。

崇德县的历史可以追溯到五代十国吴越国时期，当时吴越国置崇德县，设县治于义和市（今浙江桐乡崇福镇），属杭州。这一设置标志着崇德县作为行政单位的正式成立，在其后的历史中，崇德县的行政地位和隶属关系经历了多次变化。

元朝时期，崇德县升为崇德州，隶属于嘉兴路，这一变化反映了行政区划的调整和扩大。

明朝时期，崇德州复名为崇德县，这一变化体现了行政区划的调整和恢复。

清朝时期，崇德镇的设立和发展，显示了地方行政管理的进一步细化。

此外，崇德县的文化遗产丰富，包括古城墙、古桥梁等，都是研究京杭运河早期历史的重要实物资料，反映了运河对周边城镇政治、经济、文化的深刻影响。崇德县的发展历程不仅体现了中国历史上的行政区划变化，也展示了该地区在历史上的重要地位和文化价值。

春秋时期崇福镇被称为"语溪"，因梁天监二年（503 年）建崇福禅寺而得名。崇福镇如今虽然是乡镇的建制，但以前曾经是州府和县城的中心，元代时有七十六年曾为州府的中心，公元 938 年置崇德县，千年来一直是崇德县的中心。

崇福镇水上交通发达，塘河沟溇连成一片，无水不通，为吴越名津。千年来，京杭大运河在崇福三次改变主航道，因而镇域同时拥有隋唐运河、明代运河和新开云河航道，形成三河并流的独特景观。南宋王应麟《玉海》载："至道元年，江浙所供止于淮泗，一岁上供六百万石。"而崇福为必经之地。《石门县志》载："岁额槽米四万四千五百余石，白粮六千余石。"崇福镇历史悠久、古迹遗址非常多，新桥遗址表明崇福镇已有六千年的历史。

崇德城旧址，位于嘉兴桐乡市区北一千米处，是浙江省内最早的城墙建筑之一。其历史可追溯到北宋仁宗天圣初年，当时崇德县治从梧桐镇迁于此地，并筑城墙。历经沧桑，城墙虽已残破，但主体结构仍保存完好，是珍贵的历史遗产。

○○○
文徵明笔下的乌镇究竟是怎样的清婉风格?

横山堂小咏

明·文徵明

雨涤山花湿未干，野云流影入栏杆。

泉声漱醒山人梦，一卷残书竹里看。

横山堂也就是王济宅，大概位置在原乌镇中学北至原丝厂后面。明代文徵明的《横山堂小咏》描绘了乌镇独特的风情。细雨洗过的花朵尚未干透，山间的云雾在栏杆间游走。诗中捕捉了乌镇清新脱俗的美。泉水的声响唤醒了山中人的梦境，一卷残破的书籍在竹林中阅读。这不仅反映了乌镇的宁静，也表达了访客们内心的感受。

乌镇的街道如同棋盘般交错，由纵横的河道自然划分成四片区域：东栅、西栅、南栅和北栅，每片区域都有其独特的风貌和风情。

在这四片区域中，东栅以其柔和而优雅的气质脱颖而出。它不似其他区域般繁华喧嚣，却更加贴近生活的本质。

在这里，你可以聆听花鼓声声，品味香茗，乘坐小船在河上悠然自得。无论是中秋的月圆之夜，端午的龙舟竞渡，还是元宵的灯会，清明的香火市场，东栅都以它独特的方式展现着中华五千年文化的丰富多彩。

这个小镇孕育了众多杰出的文人，其中东栅便是著名作家沈德鸿（茅盾）的故乡。他的故居简朴而典雅，体现了江南的精致与雅致。沿着河流漫步，可以看到当铺、染坊、酿酒作坊和古戏台，这些地方不仅散发着浓厚的乡土气息，也透露出一丝江湖的豪迈。

西栅与东栅相比，展现出一种截然不同的气派与活力。这里规模宏大，商业繁荣。

清明时节，西栅的古老街道和临水的楼阁，以及河岸上垂挂的柳枝，为这片繁华之地增添了一抹文艺气息。夜晚的灯光璀璨，如同梦境一般，而身着碎花旗袍的女子则成了夜晚最亮丽的风景。沿着河岸走去，尽头是灯火通明的酒吧区，那里有热闹的会所和散发着酱香的餐馆。西栅既有年轻人的激情，也有成熟人士的稳重，融合了历史与现代的潮流。

南栅和北栅有着相似的特质，它们显得有些杂乱，却也宁静安详，远离了喧嚣的市井气息。

南栅，作为乌镇中最古老的区域，其斑驳的墙面和长满杂草的青石板路，诉说着岁月的故事。身着传统黑蓝色服饰的老人，手持茶壶，售卖着那些看似平凡却充满地方特色的商品，展现了最本真的生活面貌。

北栅则更加静谧，街道短小，小巷曲折，民居错落有致，乌篷船略显陈旧，行人稀少。在这里，你可以感受到一种淡淡的萧条感，但这并不令人感到悲伤。它反映了历史的变迁和时代的必然，却依旧保留着一份古老与纯粹。

○○○
范蠡和西施隐居濮院的故事

濮川八景诗·妆楼旭照

明·宋濂

晓云一带舞衣轻，脱体风流最惜卿。

莫道故人心不见，半帘春色露倾城。

这首诗出自宋濂的"濮川八景诗"系列，题为《妆楼旭照》，描绘了一幅秋雨后的清新景象以及佳人在妆楼上的期盼。诗中引用了范蠡与西施隐居濮院的传说，"脱体风流最惜卿"，这里的"惜"字透露出诗人对西施的深情厚谊；"最惜"二字，更是满载着对这段千古佳话的无限感慨。

这首诗让范蠡与西施的爱情故事在历史的长河中再次泛起了涟漪，仿佛在岁月的流转中，这段佳话又重新焕发了生机。

濮院坐落于桐乡的东边，紧邻嘉兴市区，是大运河流经的首座古镇。这条古老的运河穿镇而过，为濮院带来了便捷的水上交通，使其成为连接江河与海洋的枢纽，同时促进了农业和桑蚕业的繁荣。

宋元时期，濮氏家族开始在此地发展家业，他们在苏州、杭州、嘉兴和湖州四个地区，建立了繁荣的丝绸交易中心，吸引了众多商人前来交易。濮院因盛产丝绸，每天出产的丝绸数量高达万匹，因此赢得了"嘉禾一大镇"的美誉。

在宋代和元代，濮院地区由嘉兴和崇德两县共同治理，嘉兴的永乐市与崇德的梧桐乡，便是濮院早期的形态。

明朝宣德四年（1429年）之后，濮院镇正式成立，由秀水县和桐乡县共同管理。中华人民共和国成立后，行政区划经过重新调整，濮院镇归桐乡县（今桐乡市）管理。

追溯到两千五百年前，东周列国争霸的烽火中，江南的吴越两国逐渐崭露头角。春秋时期的槜李墟，恰好位于吴越两国的边界线上。

正是这一独特的地理位置，使濮院的古代历史中融入了西施与范蠡的传奇故事。

据传，范蠡作为越国的上大夫，受命护送西施前往吴国，途中在槜李墟停留了一段时间。越国灭吴后，范蠡带着西施隐居于此，在百丈河畔的小楼开设了一家绸缎店，由范蠡设计图案，西施亲手织造和绣制。

虽然西施昔日的妆楼已不复存在，范蠡泛舟的幽湖也已消失在历史的长河中，但他们在濮院留下的故事和遗迹，却如同历史深处的一抹温暖而美丽的彩虹，是一幅历久弥新的画卷。

○○○
乾隆皇帝为何钟爱尖山？

登尖山观海作

清·乾隆

舆图早已识尖山，地设天开障海关。
东北冈峦捍犹易，西南柴石御为艰。
虔心所祝资坦涨，蒿目无方计剔毚。
大吏载咨补偏策，尽吾诚耳敢云闲。

尖山，位于海宁，曾获得乾隆皇帝的特别青睐，他亲笔题写了六首诗篇来赞美此地，其中《登尖山观海》便是其中之一。站在尖山之巅，放眼望去，是辽阔的大海，感受着春天的温暖与花朵的绽放，尖山就是这样一个充满诗意的地方。

《登尖山观海》是清代乾隆皇帝所作的一首诗。这首诗通过登高望远，展现了作者对尖山的深厚情感以及对国家和自然美景的深刻思考。

诗篇开篇即以"地图上早已熟悉尖山，其天然之势成为海防的屏障"，彰显了乾隆对尖山地理位置的了然于心及其作为自然屏障的重要性。随后，"东北的山峦易于守护，西南的险阻则难以把守"进一步描绘了尖山的地势特点，反映出其地形的复杂多变。接着，"虔诚祈祷以助海潮，面对自然之力，我无计可施"表达了作者对国家安危的深切忧虑和对自然力量的敬畏之情。诗的结尾，"高官们咨询以补偏颇之策，我会尽心尽力"则体现了作者对国家大事的深切关怀和积极参与。

这首诗不仅生动地描绘了尖山的壮丽景色，更深刻地反映了乾隆皇帝的情感和思想。通过对尖山的描写，他隐喻地表达了对国家安全的关注，同时也表达了对自然美景的赞赏和个人诚意的流露。这首诗是乾隆皇帝情感与思想的真实写照，也是中国古代文人对自然景观的审美情趣和对国家大事的责任感的体现。通过尖山这一具体景象，乾隆皇帝将自己的情感与国家命运紧密相连，以诗歌的形式抒发出来，展现了古代文人将个人情感与国家大事紧密结合的文学传统。

在钱塘江的入海口，尖山村的大尖山上，远远地就能望见一座气派非凡的寺庙，它若隐若现地藏匿在山腰的高处，这便是始建于雍正十三年（1735 年）的观音寺。观音寺坐落在大尖山的顶峰，是海宁地区规模宏大的佛教圣地之一，拥有着近三百年的悠久历史。历史上，这里香火鼎盛，游客络绎不绝，被誉为"夜普陀"，与杭州的玉皇山相提并论。

据史料记载，乾隆皇帝六次南巡，四次访问海宁，主要是为了视察钱塘江海塘的维护工作。在海宁，他撰写了《阅海塘记》《尖山观音庙碑文》《尖山坝工告竣碑文》《视塔山志事碑文》《南巡记》等多篇碑文。因此，传说中的《尖山观音》可能并非一首律诗，而更可能是《尖山观音庙碑文》的一部分。

乾隆皇帝为观音寺题写的两副楹联均有确凿的出处。第一副楹联是在 1762 年，乾隆皇帝在视察海塘后到访观音寺，御笔题写了殿额"补陀应现"和十八字对联：耳观海潮音非彼非此，心源甘露品大慈大悲。第二副楹联则是在 1765 年，乾隆皇帝再次访问观音寺时所题——台临上下空无际，舟织往来波不兴，并题写了匾额——海阔天空。

观音寺最具标志性的是一座高大的汉白玉观音像，它独自矗立在南海观音殿的露天广场上，背靠山峦，面朝大海，居高临下，象征着"谛听四方潮音，守护一地平安"的庄严形象。尽管大尖山的海拔仅有百余米，但它正应了那句古语：山不在高，有仙则名。

湖州

第五章

　　湖州，这颗江南水乡中的瑰宝，以其浓郁的文化气息和秀美的自然景观，吸引着全球旅者的目光。

　　沉浸在江南的温婉水波之中，湖州低声诉说着跨越世纪的传说。这里曾是文人雅士吟诗作画的灵感之源，以丝绸的细腻、茶叶的清香而闻名，更是中华灿烂文化的孕育之地。

　　湖州的根源深植于古老的历史长河，它目睹了中华文明的起落变迁。徜徉在南浔古镇，脚下的青石板映照着往昔的回音，幽深的古巷诉说着岁月的低语。每块砖，每片瓦，都承载着历史的印记，每处景致，都是一幅生动的长卷。

　　这里也是众多文化巨匠的摇篮，书法家赵孟頫、诗人孟郊等均在此留下足迹，湖州的工艺亦因此声名远扬。湖笔、湖绸、湖茶，这些承载着传统工艺精髓的物品，以其卓越的工艺和独有的韵味，成了湖州文化的符号、中华民族的自豪。

　　湖州的自然景观同样美不胜收。太湖的波光粼粼，莫干山的竹林幽静，每一景都是自然赋予的艺术品。在此，可以乘坐小舟，悠然穿行于水乡的河网之中，体验宁静与和谐的韵味；或攀登高峰，让心灵在山水的怀抱中得到洗涤与提升。

　　湖州，一个散发着无限魅力的所在，这里不仅有旖旎的风光，还有深厚的文化和热情的居民。让我们相约湖州，一同踏上一段充满回忆的文化探索之旅。

○○○
太湖到底有多大？

湖州 其一
宋·戴表元

山从天目成群出，水傍太湖分港流。
行遍江南清丽地，人生只合住湖州。

戴表元，南宋末年至元初的诗人，历经政治的风波与个人的艰辛。他的诗歌常流露出对自然美景的热爱和对宁静生活的渴望。在这首诗中，他以湖州的山水田园为背景，倾诉了自己对这片土地的深情与对生活的哲思。

诗中所言"山从天目成群出"，天目山，浙江名山，以其峻峭的峰峦和葱郁的植被著称。戴表元用"成群出"来描绘天目山脉的连绵起伏，彰显了湖州周边山脉的雄伟与壮丽。

太湖，中国的第三大淡水湖，湖州坐落于其南岸。诗句"水傍太湖分港流"捕捉了太湖水系在湖州地区分流的景象，展现了湖州水乡的丰饶与水景的秀美。太湖的众多支流，为湖州带来了水路交织、河网如织的地理特色，增添了自然景观的丰富多彩。

开篇两句"山从天目成群出，水傍太湖分港流"，运用了对仗的修辞手法。对仗不仅让诗的形式工整对称，更让内容相得益彰，加强了诗歌的节奏和韵律。山与水的相互映衬，勾勒出了湖州一幅山环水绕、风光旖旎的自然画卷。

全诗巧妙运用对仗、借景抒情、动静结合等多种写作技巧，将湖州的自然风光和田园生活描绘得栩栩如生。这些技巧不仅增强了诗歌的表现力，赋予了诗歌强烈的视觉冲击力和深度，更深刻地表达了诗人对湖州的深厚情感以及对平和生活的无限向往。

位于江苏与浙江交界的湖州，以其邻近的太湖而闻名。太湖，作为中国第三大淡水湖，覆盖着两千四百多平方千米的水域，拥有三百九十三千米的湖岸线。太湖不仅滋养着湖州，还与苏州、无锡、常州等城市紧密相连。湖州因太湖而得名，而苏州则以其太湖美景而自豪，无锡更是被誉为"太湖明珠"。

湖州的历史可以追溯到三国时期，当时吴国的末代皇帝孙皓在此设立了吴兴郡，寓意着吴国的繁荣昌盛。然而，这一美好愿景并未持续太久，十四年后，吴国便被西晋所灭。湖州的农业和渔业十分发达，商业活动也十分活跃。湖州商人群体在徽商、晋商之后崛起，成为近现代历史上的重要力量。湖州商人群体以其独特的商业智慧和经营策略，被誉为"四象八牛七十二条金狗"。

隋朝初期，隋文帝杨坚将吴兴郡更名为湖州，这个名字一直沿用至今。湖州对太湖的开发和利用有着悠久的历史，为当地的经济发展和人民生活提供了源源不断的支持。

湖州不仅是一座地理位置优越的城市，更是一处拥有丰富历史文化和自然资源的地方。湖州的溇港文化、桑基鱼塘系统等，都是古代湖州人民智慧的结晶，对当地的农业发展产生了深远的影响。湖州的山水风光吸引了无数文人墨客，使其成为长三角地区一个独具魅力的城市。

"一湖滨城，两溪交汇，三省通衢，四水环绕"，湖州因水而生，钟灵毓秀。这座城市的自然景观和人文底蕴，使其成为一个充满生机与活力的地方。

○○○
道场山何山为何吸引苏东坡"代言"？

游道场山何山

宋·苏轼

道场山顶何山麓，上彻云峰下幽谷。

我从山水窟中来，尚爱此山看不足。

陂湖行尽白漫漫，青山忽作龙蛇盘。

山高无风松自响，误认石齿号惊湍。

山僧不放山泉出，屋底清池照瑶席。

阶前合抱香入云，月里仙人亲手植。

出山回望翠云鬟，碧瓦朱栏缥缈间。

白水田头问行路，小溪深处是何山？

高人读书夜达旦，至今山鹤鸣夜半。

我今废学不归山，山中对酒空三叹。

道场山，坐落于浙江湖州，是一处融合了自然美景与丰富人文历史的胜地。在苏轼的笔下，道场山以其云雾缭绕的峰顶、深邃幽静的山谷、蜿蜒曲折的山脉以及松涛阵阵、溪水潺潺，绘制出一幅幅令人心旷神怡的山水画。山中的寺庙、池塘、古树等人文景观，更彰显出道场山深厚的文化积淀。

苏轼在诗作中，以细腻的笔触描绘景物，表达了他对自然之美的深切热爱和向往，抒发对道场山景色的钟爱与不舍。

诗中既有静谧的山峦、松林、池塘之美，又能动静结合，让画面更加生动立体。

苏轼巧妙地运用空间的转换，从山顶至山脚，从近景到远景，再到出山后的回望，让读者仿佛与他一同游历。而从"阶前古木"到"月里仙人"的视角转换，更增添了诗歌的层次与深度。

为什么苏轼这首古诗是道场山与何山（即金盖山，因东晋时期吴兴太守何楷在此开读书堂而得名）同咏呢？想必在苏轼眼中，道场山与何山乃是二位一体的两处名胜，而事实上也正是如此。道场山与何山相接相望，同为东天目山北伸余脉的组成部分。"道场山顶何山麓，上彻云峰下幽谷"，开头两句是什么意思呢？对此，南宋嘉泰《吴兴志》的解释是道场山胜在山顶，何山胜在山下，并引南宋文学家汪藻的话："游道场者如入王侯之家，过何山如造高人隐士之庐。""陂湖行尽白漫漫，青山忽作龙蛇盘。"这两句说的是湖城一带到处都是一眼望过去"白漫漫"的湖泽，而道场山与何山二山却突然如"龙蛇盘"一般出现在眼前。

《游道场山何山》不仅是对道场山自然风光的颂歌，更是苏轼内心情感与人生哲学的体现，展现了他的审美追求和对自然之美的深刻感悟。

湖州，自古以来以其清新的山水和迷人的风光著称，而道场山更是以其独特的韵味，成为湖州城南的一处绝佳景致。历代文人雅士、诗人墨客在此流连忘返，纷纷赞颂道场山的壮丽，并留下了众多不朽的诗篇。

道场山坐落于湖州市的南郊，古时被称为"云峰"，是天目山的余脉，海拔达两百多米，山体走向为西南至东北，覆盖面积约八平方千米。据宋代《嘉泰吴兴志》记载，昔日讷和尚在巡礼时，其师曾言："逢道即止。"讷和尚途经此山，便留了下来，此山因此得名"道场"。

苏轼在诗中以细腻的笔触，赞美了道场山的自然风光，通过写实手法，将山、水、云、月、树、石、人等元素描绘得淋漓尽致，表达了他对湖州的深厚情感。

登上道场山的山顶，湖州城的美景尽收眼底，远眺可见太湖上的点点风帆，若隐若现。山峦起伏，或清新明快，或朦胧深邃，宛如置身于一幅动人的山水画中，令人陶醉。乾隆皇帝也曾被这里的美景所吸引，多次吟咏。

山腰处有江南名刹万寿寺，是一处文化底蕴深厚的佛教圣地，始建于唐中和年间（881—884年），由如讷伏虎禅师开创，宋代时被列为江南十大名刹之一，并被誉为"湖州第一道场"。此外，还有祈年题记、胡瑗墓等国家级和省级文物保护单位。多年来，道场山区域内的人文古迹得到了良好的保护，至今仍散发着活力。

　　道场山顶有一座始建于宋代的多宝塔，八面七层，形如笔直，又称文笔塔，素有"浙西名境"之称。古塔已屹立千年，气势雄伟，是湖州这座古城的标志性建筑之一。湖州人常说："一天不见多宝塔，思乡之情油然而生。"站在塔旁，放眼望去，市区景色尽收眼底，西南群峰罗列，东北旷野无垠，晴朗的日子里，太湖的美景隐约可见，令人心旷神怡，浮想联翩。

　　人们常说，见到道场山，便已抵达湖州。山下的居民安居乐业，而道场山则静静地矗立在南郊，向我们诉说着历史的沧桑，唤起我们对文化的向往与追求。

○ ○ ○

岘山如何成为历代文人雅集之地？

与王郎昆仲及儿子迈，绕城观荷花，登岘山亭，晚入飞英寺，分韵得"月明星稀"四首

宋·苏轼

昨夜雨鸣渠，晓来风袭月。萧然欲秋意，溪水清可啜。
环城三十里，处处皆佳绝。蒲莲浩如海，时见舟一叶。
此间真避世，青蒻低白发。相逢欲相问，已逐惊鸥没。

清风定何物，可爱不可名。所至如君子，草木有嘉声。
我行本无事，孤舟任斜横。中流自偃仰，适与风相迎。
举杯属浩渺，乐此两无情。归来两溪间，云水夜自明。

苕水如汉水，鳞鳞鸭头青。吴兴胜襄阳，万瓦浮青冥。
我非羊叔子，愧此岘山亭。悲伤意则同，岁月如流星。
从我两王子，高鸿插修翎。湛辈何足道，当以德自铭。

吏民怜我懒，斗讼日已稀。能为无事饮，可作不夜归。
复寻飞英游，尽此一寸晖。撞钟履声集，颠倒云山衣。
我来无时节，杖屦自推扉。莫作使君看，外似中已非。

苏轼，这位历经官场沉浮的文人，多次遭受贬谪，这些经历深深触动了他的内心世界。在他的诗作中，苏轼常常反思人生的无常和政治上的失意。尽管如此，他的诗篇却洋溢着一种超然物外的豁达与勇气。他通过描绘自然景观，传达出内心的平和与慰藉。

登山，作为古代文学中的一个经典主题，象征着登高望远和心灵的开阔。岘山虽不高峻，主峰海拔大约只有五十米，但其山水相连的美景，使其被誉为"城

南胜境之首"。山上散布着众多历史遗迹和人文景观,包括元代赵孟頫题额的雄跨亭、洼樽亭等。

这首诗表达了诗人超脱世俗、享受自然之美的生活哲学。诗人自称不羁之才,虽然被官民视为懒散,但已不再被世俗琐事所困扰,不再是过去那个纷争不断的人。他愿意在无为的状态下畅饮,享受夜晚的宁静,珍惜时光。诗人来去自如,无需推门,显得从容不迫。最后,诗人提醒别人不要将他视为权势之人,虽然外表看似未变,但内心已经发生了深刻的变化。

这首诗不仅展现了苏轼对自然景物的热爱和欣赏,更表达了他对人生的豁达态度和对心灵宁静的追求。通过自然景物来表达内心情感的写作手法,赋予了诗歌深厚的意境和丰富的情感内涵。苏轼的这首诗反映了他作为文人政治家的写作背景和生活体验,展现了他豁达洒脱、热爱自然、珍视亲情的心境。这种写作背景和心境在诗歌中得到了充分的体现,使得这首诗具有浓厚的个人色彩和丰富的文化内涵。

"山不在高,有仙则名;水不在深,有龙则灵。"湖州城南的岘山,虽不高峻,却因文人墨客的垂青而名声远扬。岘山位于湖州市城南仅一千米处,其独特的地理位置和自然风光,吸引了无数文人的目光。

从湖城的定安门(南门)出发不远,便可见地势突兀、山势拔地而起,这便是岘山。据《乌程县志》记载:"岘者,见也,山之首见曰岘。一出安定门即见此山,故名。"而《吴兴志》则提到,岘山原名显山,后因晋太守殷康筑亭其上而得名显亭,唐代因避讳而改名。

岘山的主峰海拔仅五十米,却因唐代李适之、颜真卿等名人的登临赋诗而名声大噪。历代文人雅士在此山举行雅集,或品茗吟诗,或饮酒赋词,或凭吊先贤,成为一时风尚。李适之在任湖州别驾时,常携友人登岘山,畅饮于石樽洼陷之中,留下了"恣饮望帝乡,时有一醉"的佳话。颜真卿则在此举行联句活动,参与者多达二十九人,其盛况可与"兰亭雅集"相媲美。

岘山及其周边地区,自古以来便是人们休闲游览的胜地。从东晋太守殷康建显亭开始,岘山及周边便人文荟萃,古迹众多,如东晋沈充增建的显济施水茶庵,宋代孙觉建的百花洲,以及明代的宝生禅院、普觉院等。

岘山历代曾建有众多亭子,如南朝宋时的少岩亭,唐朝的烟雨亭、洼樽亭、五花亭,南宋的雄跨亭,明朝的湖山绝胜亭等。其中,洼樽亭因其石樽洼陷而得名，唐开元年间，李适之常携友人在此畅饮，后人在此建亭以作纪念。

岘山及其周边还有众多的楼、轩、园、台、堂、塔、祠等人文景观，如宋代倪思的玉湖园，赵孟𫖯赵与訔的苏湾园，明代的袁帙读书楼、空明楼等，清代的高风堂、吴太守祠等。

岘山的自然美景和人文景观，使其成为历代文人墨客雅集之地。唐大历八年，颜真卿率二十九位诗友、门生和子侄游岘山，作《登岘山观李左相石樽联句》，成为湖州历史上一次名人文会的盛举。

明代中叶，岘山更成为文人结社的聚会地，如苕溪社、乐天乡社、岘山会等，吟诗赋词，引为时尚。府通判汤世贤和推官冯应麟在岘山上建逸老堂，成为耆老雅集之处，反映了当时会社随和安逸的社会风貌。

然而，历经一千五百余年盛况的岘山，如今除了部分重建和新建的人文景观外，许多古迹已不复存在，令人扼腕。岘山的沧桑变迁，见证了历史的更迭，也让我们更加珍惜现存的文化遗产。

○○○
通津桥曾是古运河上的丝市中心?

南浔小泊

清·鲍轸

水市千家聚,商渔自结邻。
长廊连箬屋,斥堠据通津。

鲍轸的《南浔小泊》以细腻的笔触勾勒出了江南水乡的迷人风光和当地独有的生活画面。位于浙江湖州的南浔古镇,以其典型的江南水乡特色而闻名,清澈的水面、精巧的小桥、流水潺潺以及翠绿的树木,构成了一幅宁静而充满诗意的画卷。

诗中所描述的"水市千家聚,商渔自结邻",生动地反映了当地水边市场的兴旺和渔业与商贸的紧密联系。人们傍水而居,依托水乡的自然资源,发展出了独特的生活方式和经济形态。

鲍轸用朴素而生动的语言,描绘了水市的繁荣景象和渔民商人的和谐共处,让读者仿佛置身于那个时代的热闹与活力之中。

诗中还提到了"长廊连箬屋,斥堠据通津",这些具体的景物描写不仅展现了南浔小泊的建筑特色,也体现了水乡交通的便利,增强了诗歌的现场感和空间感。

通过描绘水市的繁忙和渔民生活的紧密联系,鲍轸不仅表达了对自然美景的热爱,更抒发了对家乡和平凡生活的深厚情感,传递出对日常生活的赞美与热爱。

《南浔小泊》以其真实的描绘和丰富的细节,成为清代描写江南水乡生活风情的佳作,为后世留下了珍贵的文化遗产。这首诗深刻地反映了鲍轸对家乡水乡文化和生活方式的深刻感悟与体验。

通津桥，坐落于湖州市南浔镇的心脏地带，是该镇十字形水系的交汇点。南浔镇，位于京杭大运河的南端，横跨着被列为世界文化遗产的頔塘故道，通津桥作为古镇三大古桥之首，被誉为"南浔第一桥"和"标志性名片"。这一地理位置赋予了通津桥作为交通要道和商业中心的重要角色。

通津桥的建筑风格和结构特点，不仅体现了古代工匠的智慧，也对当地的建筑艺术产生了深远的影响。它是一座典型的单孔石拱桥，这种设计不仅在结构上稳固，便于船只通行，而且也展现了古代桥梁建筑的美学追求。其拱券石采用的纵联分节并列砌置法，是一种古老的建筑技术，通过将石块纵向排列并分层叠加，增强了桥梁的承重能力和耐久性。

1798 年，清嘉庆年间，湖州府通判时敏因见桥体逐渐崩塌，行人通行困难，便主持了重建工程，并在桥上刻有《重建通津桥记》的石碑。此后，该桥在 1855 年、1857 年以及 1866 年又经历了多次修缮。通津桥全长约三十四米，宽四米，拱高约八米，采用了纵联分节并列砌置法的拱券石工艺，上覆券睑石，金刚墙以靴钉式砌筑，肩墙中设有两对加固外伸的系梁，其中一对系梁端首雕刻着吞水兽，仰天石凿枭。桥顶两侧设有吴王靠式座椅，供行人休息。南北两侧各有三十三级台阶，桥额上阳刻楷书"重建通津桥"，桥栏外侧刻有"嘉庆三年"的字样。这些细节不仅为通津桥增添了历史厚重感，也为研究当地乃至江南地区的建筑艺术提供了重要的实物资料。

在宋代，通津桥周边的市集和沿运河的商业活动极为兴旺。运河作为当时重要的水上交通线路，连接了江南与京畿地区，促进了商品的流通与交易。

到了明清时期，通津桥附近成了繁华的丝市。桥南有一条名为丝行埭的小街，以经营蚕丝业而闻名，曾是"辑里湖丝"的集散地。通津桥因此成了丝绸、茶叶、陶瓷等重要商品的交易集散中心。在桥头及其周边，商贩们经营着各类商品，形成了一个繁忙的市场。

丝市的繁荣在历史文献中有所记载。如辑里村人温丰在《南浔丝市行》中所描述的丝市盛况，生动地展现了市场的繁忙和人们的热情。

许多文人墨客在作品中提及了通津桥及其周边景象，反映了当时社会经济生活的一个侧面，为后世提供了了解宋代社会的重要资料。

进入近代，南浔人利用上海开埠通商的机遇，大力发展生丝外贸，1847年，辑里湖丝在上海出口丝贸易中占比高达63.3%，形成了以"四象八牛七十二金狗"为代表的中国近代最大的丝商群体，即"浔商"。

"辑里湖丝"从通津桥出发，通过水路运往上海，进而销往世界各地。南浔民间有"湖州一个城，不如南浔半个镇"的说法，南浔古镇因此被誉为"中国近代第一镇"。

通津桥不仅是南浔"江南雄镇"的历史见证，也是文人墨客吟诗作画、百姓游玩的佳地。

如今，通津桥依旧巍峨壮观，其半圆形的石拱与水中倒影相映成趣，形成一轮满月，成为古镇的主要旅游景点之一。

○○○
南浔古镇如何依水而寻，因水而兴？

湖州道中

明·韩奕

百里溪流见底清，苕花蘋叶雨新晴。
南浔贾客舟中市，西塞人家水上耕。
岸转青山红树近，湖摇碧浪白鸥明。
棹歌谁唱弯弯月，仿佛吴侬子夜声。

韩奕的诗作以其对自然景观的细腻描绘和旅途体验的真挚表达而著称。他的诗风清新脱俗，精于捕捉自然景物的细微之处以及抒发内心的情感波动。

在他的诗篇中，韩奕不仅精心勾勒了景色，更将旅途中的所见所感融入其中。例如，在这首诗中，他写道"棹歌谁唱弯弯月，仿佛吴侬子夜声"，不仅呈现了船夫吟唱棹歌的生动画面，还将自然之美与人文之情巧妙融合，赋予了诗歌以盎然的情趣。

韩奕对湖州的风光和文化进行了生动的描绘，透过这些描写，我们可以感受到他对这片土地深沉的情感和充满诗意的表达。他采用的这种以景点为背景的写作手法，不仅赋予了诗歌艺术上的美感，更蕴含了丰富的个人情感和深厚的文化意蕴，使其成为明代文学宝库中的珍贵篇章。

漫步在南浔古镇，一种古朴的宁静和历史的深邃感扑面而来。这里没有喧嚣的商业化浪潮，时间在这里仿佛放慢了脚步，让人得以窥见千年前的岁月静好。

提起园林，少有人提及湖州的园林。实际上，自南宋以来，湖州的园林之盛，一直位列"湖、杭、苏、扬"四州之首，却如同隐藏的瑰宝，鲜为人知。

南浔古镇，作为湖州的一颗璀璨明珠，更是江南园林的名镇。自南宋起，这里曾拥有多达二十六座风格各异的园林。其中，小莲庄、宜园等，都是园林艺术的杰出代表。

据 1936 年《江南园林志》所述："南宋以来，园林之盛，首推四州，即湖、杭、苏、扬也。而以湖州、杭州为尤。"然而，湖州的园林精华，实际上都汇聚于南浔。这个小镇，竟拥有五座宏伟的园林，这在江南也是极为罕见的。

在江南的烟雨中，南浔古镇静静诉说着千年的往事。这里，一砖一瓦都似乎在低语，每一道流水都在吟唱，讲述着古镇的昔日辉煌与今日风华。

通津桥，这座古镇的地标，自宋代起便屹立于此，见证了无数商船往来，承载了南浔的繁荣梦想。它的石拱下，流水潺潺，仿佛在诉说着古镇与大运河的不解之缘。

小莲庄，一处晚清的私家园林，以其精致的景致和深邃的文化内涵，让人仿佛穿越回那个风雅的时代。园中的荷花池、假山、亭台，无不透露着江南园林的灵秀与雅致。

张石铭旧宅，一座典型的江南民居，其精美的雕刻艺术，不仅展现了工匠的巧夺天工，更反映了南浔商人的富有与品味。这里的每件文物，都承载着家族的记忆，诉说着过往的辉煌。

百间楼，沿河而建的古建筑群，以其连绵的长廊和古朴的风貌，成为南浔一道亮丽风景线。这里曾是商贾云集之地，如今则成了游客体验古镇生活的绝佳场所。

在南浔，水是古镇的灵魂，是历史的见证。乘坐乌篷船，穿梭在古镇的水巷之中，两岸的古建筑、古桥、古街，如同一幅幅历史的画卷，缓缓展开，让人在游览中感受古镇的历史沉淀。

南浔的水，更是文化的传承。在河畔的茶馆里，品一壶香茗，听一曲江南丝竹，不仅能感受到水乡的慢生活，更能体会到古镇文化的韵味。

南浔古镇，因水而兴，因水而灵。这里的每处景点，都是水乡文化的瑰宝，每处景致，都充满了诗意和画意。

○○○

苕溪绵长曲折到何方？

题苕溪绝句

元·赵孟頫

自有天地有此溪，泓渟百折净无泥。
我居溪上尘不到，只疑家在青玻璃。

《题苕溪绝句》是元代著名诗人赵孟頫所作，此诗以其朴素的背景、生动的景点描写和巧妙的写作技巧，勾勒出苕溪的旖旎风光及诗人内心的细腻情感。

苕溪，浙江省北部的一条蜿蜒河流，途径湖州等地，以其清秀的风光和宜人的景色著称。诗人在游历此地时，被苕溪的自然美景深深吸引，激发了他的创作灵感，遂有了《题苕溪绝句》。

此诗的语言简练而生动，无需繁复的修饰和华丽的辞藻，便能精准地传达出苕溪的自然之美和诗人的情感体验。诗人在诗中生动地展现了苕溪河畔居民的生活状态，也透露出诗人对这种宁静生活的向往和赞美。

《题苕溪绝句》以诗人独特的生活背景、景点的自然背景和诗作的写作手法，展现了苕溪的自然之美和诗人的情感世界。诗人以其简明的语言、形象的描写、情景交融的手法和情感寄托于景的抒情技巧，使这首诗成为流传千古的名篇。

苕溪，作为太湖流域的一条重要支流，它在浙江省北部地区绘出了一条优雅的曲线，是浙江八大水系之一。苕溪分为东苕溪和西苕溪，它们的源头都来自天目山脉的怀抱。这里的地形多变，山地和丘陵交织，形成了苕溪河道的自然走向和独特风貌。

苕溪的名字来源于苕花，这种花在天目山区至太湖之滨地带盛开，与当地的地貌气候和风土相得益彰。东苕溪被誉为"集天目万山之水"，这里的"万山之水"不仅指东、西天目山，更涵盖了整个天目山系，包括临安、安吉以及余杭西部的群山。地势的高低起伏，造就了苕溪河道的曲折和蜿蜒，形成了众多的弯道和浅滩，这样的地形既保持了水流的活力，又防止了泥沙的沉积，确保了河道的畅通。

诗人赵孟頫沿着西苕溪的水路，被那如雪的苕花和碧水微澜激发了他的诗情，创作出了流传至今的佳作。在他的诗中，西苕溪似乎与天地共存，清澈的水流从安吉的南溪发源，经过无数的弯道，最终汇入太湖，流向黄浦江。西苕溪流域是连接皖南、宁镇的重要通道，它将安吉与长三角地区紧密地联系在一起，水路所及之处，既有高雅的文化气息，也有人间的烟火气。

历史上，安吉与长三角地区早已相互辉映。2002 年，考古学家在西苕溪（安吉段）源头的上马坎遗址发现了重要的遗迹，这一发现将浙江的历史推前至七十八万年前，标志着浙江的历史从安吉开始。在商周时期，越人在西苕溪河谷平原上勤劳耕作，强化军备。楚威王征服越国后，春申君在此地兴修水利，筑城建墙，使得故鄣城成为太湖南岸的政治、经济和文化中心。

苕溪，不仅是一条河流，更是浙北文明的见证。东、西苕溪如同太湖伸出的两支"巨臂"，它们的枝干伸向每个山凹、每处角落，滋养着沿岸的城镇和村庄，带来了丰硕的成果。

○○○
白蘋洲是具体的地名吗？

雪溪西亭晚望

唐·张籍

雪水碧悠悠，西亭柳岸头。
夕阴生远岫，斜照逐回流。
此地动归思，逢人方倦游。
吴兴耆旧尽，空见白蘋洲。

张籍，唐代中期的杰出文学家，原籍吴郡（今江苏省苏州市），后迁居至和州（今安徽省和县），尤其擅长捕捉自然景观和抒发游子的乡愁。张籍的诗风清新脱俗，语言凝练，常以景传情，表达丰富的内心世界。

《雪溪西亭晚望》这首诗，吟咏的是位于浙江省湖州市的雪溪，一条历史悠久、风光旖旎的河流。在游历此地时，张籍被雪溪的晚景深深吸引，便创作了这首流传甚广的诗篇。诗中的西亭，是坐落在雪溪河畔的一座亭阁，成为诗人观赏风光的绝佳之地。

在这首诗中，张籍细腻地描绘了雪溪的傍晚景色。如诗中的"雪水碧悠悠，西亭柳岸头"，用轻柔的笔法勾勒出河流的宁静与岸边垂柳的婆娑，给人以宁静安详的美感。而"夕阴生远岫，斜照逐回流"，则描绘了夕阳下山峦间渐起的薄雾和阳光斜射河面的景象，显得格外柔和。

张籍的诗作语言精练而富有韵味，在《雪溪西亭晚望》中表现得淋漓尽致。他用简洁的诗句，不仅生动地再现了雪溪的晚景，更深刻地传达了自己的情感，展现了其独有的诗风。诗中对雪溪晚景的精致描写、情感的自然流露、虚实相生的艺术手法以及语言的简练与美感，共同勾勒出了诗人独到的审美情趣和深沉的乡思。

这首诗不仅在艺术上具有高度的价值，更反映了张籍对自然美景和生活情趣的热爱与追求，是他诗歌创作中的经典之作。

蘋，一种多年生的草本蕨类植物，别称四叶菜或田字草。白蘋洲，这个名字象征着一个被白色花朵覆盖的小岛，它不仅是湖州的一个古老地名，更承载着一段悠久的历史，其起源可追溯至南朝梁代（502—557年）。柳恽，当时的太守，在此创作了《江南曲》，"汀洲采白蘋，日落江南春"，这句诗便成了白蘋洲名字的由来。

白蘋洲的古址，现位于馆驿河东岸，紧邻市妇保院及其东南区域。在市妇保院门前，矗立着一座标有"白蘋故址"的石牌坊，以此纪念这一区域。这里曾因繁茂的白蘋草而闻名，成为文人雅士竞相描绘的自然美景，也是湖州古代的代表性景观之一。白蘋洲不仅是一个地理名称，更蕴含了深厚的历史和文化意义，融合了自然之美和人文之情。

作为湖州历史上著名的风景名胜，白蘋洲曾吸引了不少刺史在此留下墨宝。颜真卿，一位刺史，曾在白蘋洲修剪草木，引导水流，建造了八角亭，并在亭上刻下了柳恽的《江南曲》；李锜，另一位刺史，建造了大小两座亭子，均以白蘋命名；杨汉公，也曾在白蘋洲附近开荒建亭，增添了多处亭台楼阁。如今，市妇保院门前的"白蘋故址"石牌坊，便是对这段历史的记忆。

尽管白蘋洲的旧貌已不复存在，但它作为湖州这个中国历史文化名城的一部分，通过白蘋洲、雪溪这些古地名，依旧能清晰地勾勒出这座江南古城的秀美风貌。这些地名如同历史的"水晶"，映照着湖州的过去与现在。

○○○
飞英塔之称从何而来？

登飞英塔

元·赵孟頫

梯飙直上几百尺，俯视层空鸟背过。
千里湖山秋色净，万家烟火夕阳多。
鱼龙衮衮危舟楫，鸿雁冥冥避网罗。
谁种山中千树橘，侧身东望洞庭波。

赵孟頫的《登飞英塔》不仅以生动的自然景观描绘著称，也蕴含了丰富的哲学思考和情感表达。诗中通过细腻的视觉描述、深刻的人文关怀以及巧妙的比喻和联想，传达了对自然之美、生命智慧和对故乡的深情。

诗的开头，作者以塔之高耸和风之劲急为背景，形象地描绘了自己攀登飞英塔，仿佛乘风而行。站在塔顶，俯瞰四周，飞鸟的翅膀在塔边掠过，这两句运用了夸张手法，突出了塔的巍峨。接下来的两句，作者将视角从塔顶扩展到远方，将湖光山色尽收眼底。太湖的辽阔与秋天的清澈天空相映成趣，夕阳西下，家家户户的炊烟升起，夜晚的灯火逐渐增多。这两句不仅描绘了湖州的繁华景象，也展现了人们生活的宁静与和谐。颈联中，作者的笔触突然转变，虽然太湖的秋景令人心旷神怡，但平静的水面下可能隐藏着危险，暗示着世间的不确定性和官场的险恶。最后两句，作者总结了全诗的主题，表达了自己对隐居生活、耕读自足生活的向往。这里的洞庭并非洞庭湖，而是太湖附近的洞庭山，其以丰富的物产而闻名，成为作者心中理想的隐居之地。

这首诗作于赵孟頫隐居湖州时期，其艺术成就非常高，结构严谨，起承转合流畅自然。特别是描写江南秋色的"千里湖山"一联，以其壮阔的意境、清新的色彩和浓厚的生活气息，成为流传千古的佳句，被誉为"句格庄重，辞藻华美"。

自北魏起，中国塔式建筑的建造步入了其黄金时期。历经一千五百余载，从最初的木质结构到砖石再到琉璃材质，塔的演变历程在中国古建筑发展史上占据了重要篇章。至今，中国仍保存着三千余座各具特色的古塔，每一座都是不可多得的历史瑰宝。在这些塔中，湖州的飞英塔以其独特的"塔中塔"结构而独树一帜。湖州这座拥有两千三百年历史的古城，孕育了被誉为"湖州三绝"的古建筑奇迹，记录着城市的发展轨迹。

飞英塔的历史最早可追溯至唐代，最初仅建造了内层的五层八面石塔。到了宋代，人们在石塔外围又建造了木结构的外塔，形成了飞英塔特有的"塔中塔"构造。历代文人墨客纷纷登临此塔，留下了无数赞美之词。宋代诗人苏轼、元代画家赵孟頫等都曾在此赋诗题咏。尽管湖州的许多早期佛寺已不复存在，飞英塔却历经千年风雨，依旧屹立在原址上，守望着湖州的山水与人民。

飞英塔的外塔是一座七级八面的楼阁式砖木结构，高达五十五米，用以保护内部的石塔。尽管其红墙青瓦未施彩绘，却更显其简朴与宏伟，体现了宋代塔式建筑的典型风格。其内塔为石质，残高约十五米，采用八面五层的仿木构楼阁式设计，由太湖石精细雕琢拼合而成。除了塔刹和部分檐口，现存的内塔基本保持了南宋初期重建时的原貌。塔上的建筑构件雕刻细腻，现存的一千多尊佛像大多保存完好，形象清晰。内塔是宋代佛教艺术的珍贵遗物。飞英塔的一至四层中空，高达二十二米，底层内外塔之间有约两米宽的通道。人们不仅可以环绕石塔进行朝拜，还可以沿着扶梯逐层欣赏内塔的浮雕。尽管楼梯陡峭，但登塔的体验绝对值得一试。游客可以在塔内移步换景，顶层则可俯瞰湖州老城的湖光山色，聆听风铃的悦耳之声。在傍晚塔门关闭前，斜射的阳光为塔内空间增添了魔幻色彩，让人联想到电影中的通天塔。飞英塔的登塔体验，在现存的三千余座古塔中可谓独一无二。

飞英塔的名字来源于佛经中的典故，意为"舍利飞轮，英光普照"。最初，这座塔被称为"舍利石塔"，始建于唐代。飞英塔之所以会有外塔这一"保护罩"，源自北宋的一个传说。据传，在北宋开宝年间（968—976年），石塔内的舍利子突然发出神光，照耀塔顶，引起了轰动。为了保护这一神圣的舍利子，人们便在石塔外增建了木塔，形成了"塔中塔"的结构。

为了反映这种独特的建筑特色及佛塔的宗教意义，便从佛家经典中摘取"飞英"二字，将舍利石塔更名为飞英塔。这个名字不仅贴合了塔的构造特点，也蕴含了深厚的佛教文化意义，一直沿用至今。

○○○
防风古国真的存在吗？

下渚湖

清·洪升

地裂防风国，天开下渚湖。
三山浮水树，千巷画菰芦。
埏埴居人业，渔樵隐士图。
烟波横小艇，一片月明孤。

《下渚湖》是清代戏曲大师洪升所创作的诗歌，生动地描绘了下渚湖的秀美景色和当地渔民的生活状态。洪升，以他的杰作《长生殿》而声名远扬，活跃在清朝早期，其文学作品深受儒家思想和怀旧情怀的熏陶，他精于将个人情感与自然景观融为一体，创作出独具匠心的艺术作品。

洪升（1645—1704年），这位杰出的戏曲家与诗人，生于杭州钱塘的一个文学世家。他的一生跌宕起伏，虽未能在科举中取得功名，却在文学创作和戏曲艺术上取得了卓越的成就。洪升的创作深受个人经历、时代精神和文学先贤的影响，常在作品中表达对自然美景的无限热爱和对理想生活的深切向往。

下渚湖，位于浙江省德清县，现为国家级湿地公园，以其独特的湿地生态和丰富的自然景观而闻名。防风国，一个古地名，与德清的历史文化紧密相连，为这片土地增添了浓厚的文化氛围。洪升在游历此地时，所感受到的不仅是自然之美，更有当地居民的生活习俗和历史故事，这些都成了他创作灵感的源泉。

《下渚湖》不仅捕捉了下渚湖的自然之美，更深刻地体现了洪升对和谐共生理念的推崇以及对朴素隐居生活的追求，展现了作者深邃的文学素养和对人生哲理的深刻思考。

防风氏，作为这个古国的奠基者，也被称为"汪芒氏"，被尊为汪姓族群的祖先。在民间传说中，他是一位远古时代的水利英雄，其遗迹位于德清县下渚湖之畔。据传，防风古国始建于四千余年前，由越人所建的部落联盟形成。防风氏在德清地区开展水利工程，造福了周边广袤的土地。他还引导民众种植稻谷，引领民众走向定居农耕的生活模式。

防风氏作为部落的首领，与大禹为同一时期的人物。《路史·国名纪》引用《吴兴记》记载："吴兴西有风山，即古防风国所在。山下有风渚，即今武康（今浙江德清县）东十八里处。天宝年间更名为防风山，东侧二百步处则有禹山。"在中国上古的神话传说中，防风氏被描绘为一位身材高大的巨人，是防风国的开基者。

古防风国的确切位置被认为位于今天浙江德清的三合乡，封山与禹山之间，紧邻下渚湖。下渚湖，也被称作防风湖或风渚湖，是浙江省内的第五大湖。这片湖泊是江南地区最大的湿地之一，踏入其中，仿佛置身于一片广袤无垠的水域。

当地至今仍保留着对防风氏的纪念仪式，2010年，"防风传说"被正式列入非物质文化遗产的民间文学类别。这一传说在德清乃至整个太湖流域都有着广泛而深远的文化影响。在德清，关于防风的传说、遗迹和文化活动仍然被人们所传承和庆祝。例如，防风古国文化园就是基于这一传说而建立的，旨在展示和弘扬防风文化及其地方历史。

在这片风景如画、湖光山色的地方，防风氏留给我们的历史遗迹虽然不多，但历史如同一面明镜，值得我们去保存和珍惜。在江南的朦胧烟雨中，我们期望防风古国的故事能够继续传承，为我们留下更多珍贵的文化遗产。

○○○
紫笋茶是何时出现的？

寄献湖州从叔员外

唐 · 郑谷

顾渚山边郡，溪将罨画通。

远看城郭里，全在水云中。

西阁归何晚，东吴兴未穷。

茶香紫笋露，洲回白蘋风。

歌缓眉低翠，杯明蜡剪红。

政成寻往事，辍棹问渔翁。

顾渚山旁的城邑，溪流宛若精心绘制的画卷，潺潺流淌。远眺那城垣，被朦胧的水汽和云彩环绕，若隐若现。西楼的归人为何迟迟未归，东吴的繁荣尚在酝酿之中。茶香与紫笋上的露珠相伴，洲上的风轻拂着白色的蘋草。歌声悠扬，眉目低垂，宛如翠绿的竹叶。酒杯中光影闪烁，红蜡被细心地削薄。

郑谷，被誉为"郑鹧鸪"，因其诗作中频繁出现的鹧鸪意象而得名。他身处唐末五代这个动荡的时代，亲历了无数战乱与变迁，这些经历深刻地影响了他的创作，使其作品中常充满了对宁静生活的渴望和对自然美景的赞颂。

在这首诗中，郑谷首先以细腻的笔触描绘了顾渚山下城郡的秀丽景色，用"溪将罨画通"来形容溪水与周围景致的和谐，形象地展现了湖州的山水之美。接着，"远看城郭里，全在水云中"，通过远观与近观的结合，不仅勾勒出了城郭与自然和谐相融的景象，也隐含了诗人对远方亲人的深情思念。

在绘制美景和生活场景的同时，郑谷也表达了对从叔员外政治成就的赞赏和对往昔时光的怀念。"政成寻往事，辍棹问渔翁"，反映了对从叔员外治理成果的期待，并通过渔翁这一形象，寄托了对淡泊生活的追求和对生命智慧的探索。

紫笋茶之所以拥有此名，是因为它细嫩的茶芽呈现出紫色光泽，形状又似竹笋，因而得名。紫笋茶属于绿茶类别，早在唐代便被茶界的泰斗陆羽誉为"茶中极品"。《茶经》中提到："阳光照耀的山崖，背阴的林木，紫色茶叶为上品，绿色的次之；竹笋形状的茶叶为上品，芽状的次之。"紫笋茶曾被列为皇家贡品，其品质卓越，被选用于宗庙祭祀。

唐代湖州刺史张文规曾盛赞长兴县顾渚村所产的茶为"茶中绝品"，指的就是紫笋茶。这种茶始创于唐代，数百年前，它以"大唐第一贡茶"之名闻名遐迩。紫笋茶的名声，虽然略早于大唐贡茶院的成立，但其真正的声名鹊起，却是在公元 770 年大唐贡茶院成立之后。一千两百多年前，在唐代的皇宫中，除了令人期待的岭南妃子的笑容，还有顾渚山上的紫笋茶。

自唐代至明朝末年，紫笋茶作为贡茶，连续进贡了长达八百七十多年，它是中国贡茶中历史最悠久、制作规模最大、数量最多、进贡时间最长的茶品，堪称中国贡茶的巅峰之作。

在紫笋茶的鼎盛时期，每年谷雨前的采茶季节，皇帝都会下诏，命令湖州和常州的刺史监督制作贡茶。顾渚山上旗帜飘扬，太湖上画舫星罗棋布，场面盛大。茶叶用龙纹包袱包裹，以银瓶装水，限定在清明节前将贡茶送至长安。

千百年前，紫笋茶因陆羽的赞誉和"大唐贡茶"的名声而被人们所熟知；如今，经过历代制茶人的传承与创新，紫笋茶不仅被赋予了更丰富的文化内涵，更成了中华茶文化宝库中的珍贵遗产。

宁波

NING
BO

宁波，古称明州，位于浙江省东部沿海，是副省级计划单列城市，拥有国家历史文化名城、全国文明城市等多项荣誉称号，是东南沿海重要的港口城市，也是中国历史文化名城之一。早在七千年前，宁波先民就创造了灿烂的河姆渡文化，从而证明长江流域也是中华文明的重要发源地之一。明朝时取"海定则波宁"之意，改为宁波，并沿用至今。悠久的历史孕育了宁波深厚的文化底蕴，宁波素以"宁波景、宁波港、宁波帮、宁波装"四张名片而声名在外。

宁波地理位置独特，是海上丝绸之路的起点之一，见证了古代中国与世界交流的辉煌。

这里的天一阁，是中国现存最古老的私家图书馆，藏书丰富，见证了宁波深厚的学术传统。而月湖、鼓楼等历史遗迹，更是宁波历史文化的象征。

宁波的自然景观同样引人入胜。东钱湖的湖光山色，四明山的秀丽风光，都是宁波自然美景的代表。此外，宁波的海鲜也是一大特色，新鲜的海味和独特的烹饪技艺，让人回味无穷。

随着时代的发展，宁波不仅保留了丰富的历史文化，还展现出了现代都市的活力。高楼林立的东部新城，繁忙的港口以及不断发展的高新技术产业，都显示了宁波的蓬勃生机。

宁波，这座融合了古老与现代、自然与人文的城市，以其独特的魅力吸引着世界各地的游客。无论是探索历史的痕迹，还是体验现代都市的繁华，宁波都能提供丰富多彩的选择和难忘的体验。

第六章

○ ○ ○
四明到底是哪四个明亮？

游四窗

唐·刘长卿

四明山绝奇，自古说登陆。苍崖倚天立，覆石如覆屋。
玲珑开户牖，落落明四目。箕星分南野，有斗挂檐北。
日月居东西，朝昏互出没。我来游其间，寄傲巾半幅。
白云本无心，悠然伴幽独。对此脱尘鞅，顿忘荣与辱。
长笑天地宽，仙风吹佩玉。

  唐代诗人刘长卿的《游四窗》是一首赞美四明山壮丽景色的诗篇。四明山位于浙江省宁波市，是道教名山之一，以其秀美的自然风光和深厚的文化底蕴著称。这首诗通过对四明山的描绘，表达了诗人对自然美景的热爱和对超脱尘世的向往。

  诗的开篇"四明山绝奇，自古说登陆"直接点明了四明山的奇特和自古以来的盛名。"苍崖倚天立，覆石如覆屋"运用了生动的比喻，形象地描绘了四明山险峻的山崖和巨石，如同天边的屏障和覆盖的屋顶，展现了山的宏伟与壮观。"玲珑开户牖，落落明四目"则描绘了山中洞窟的精致和开阔的视野，仿佛山洞中的窗户和门扉，让人的视野顿时开阔，能够清晰地看到四周的景色。"箕星分南野，有斗挂檐北"通过天文现象的描绘，表现了四明山夜晚星空的璀璨，箕星和北斗星的明亮，增添了神秘和浪漫的氛围。"日月居东西，朝昏互出没"，进一步描绘了四明山的自然景观，日月的升降，朝夕的变化，体现了自然界的规律和时间的流逝。诗人在这样的环境中"我来游其间，寄傲巾半幅"，表达了自己游历四明山时的自在与超然。"白云本无心，悠然伴幽独"则是诗人对四明山白云的描绘，白云的自由飘逸，与诗人的幽独心境相得益彰。"对此脱尘鞅，顿忘荣与辱"，表达了诗人在面对四明山的美景时，能够忘却世俗的纷扰和名利的束缚，达到一种心灵的解脱和超然。最后，"长笑天地宽，仙风吹佩玉"，则是诗人对四明山的赞美和自身的感慨，天地的广阔和仙风的吹拂，让诗人感到心旷神怡，仿佛听到了仙乐，感受到了超凡脱俗的境界。

整首诗语言优美，意象丰富，通过对四明山的自然景观的描绘，展现了诗人对自然美的热爱和对超脱尘世的向往，同时也蕴含了深厚的道家文化意蕴，体现了诗人追求自然、无为的生活哲学。

四明山，坐落于浙江省宁波市余姚市的四明山镇，以其约七百米的平均海拔，成了避暑休闲的绝佳去处。它不仅跨越了宁波的余姚、海曙、奉化三区，还延伸至绍兴的嵊州和上虞，是江南地区备受推崇的旅游胜地。自古以来，这里就吸引了无数文人雅士前来游览，他们在此吟诗作对，留下了许多赞美山川的佳作。唐代的李白、刘长卿、皮日休等诗人都曾在这里留下足迹，明代的沈一贯更是以诗句"百年三万六千日，古今圣贤皆咏毕"来表达对四明山的赞美；李白也曾赋诗"四明三千里，朝起赤城霞"。

四明山的名字来源多样，一种说法是山中有一湖，因日月同照而得名；另一种说法是山顶的四窗岩，日月星光可通过四石窗洞照射，故得名。然而，更广泛接受的解释是山中有四座高峰，分别代表东、西、南、北四个方向，它们是东明峰、西明峰、南明峰和北明峰，共同构成了四明山的地理特征。

四明山的自然景观丰富多彩，四季变化明显，春天山花烂漫，夏日绿树成荫，秋季层林尽染，冬季白雪覆盖。这里不仅是自然爱好者的乐园，也是历史和文化的宝地。山中有多处古迹和寺庙，如雪窦寺、四明寺等，它们见证了四明山深厚的宗教和历史底蕴。

此外，四明山还是一片充满红色记忆的土地，它曾是中国南方重要的革命根据地之一，也是浙东纵队活跃的地区，许多革命英雄在这里留下了不朽的足迹。

总而言之，四明山的"四明"不仅代表了四座方位高峰，更象征着这里独特的自然风光和丰富的文化历史。无论是自然探索者、历史研究者还是文化追寻者，都能在四明山找到属于自己的那份"光明"。

○ ○ ○
育王是个名字吗?

登育王望海亭

宋·楼钥

瘦藤拄破山头云,山蹊尽处开危亭。
平田万顷际大海,海无所际空冥冥。
乾端坤倪悉呈露,飞帆去鸟无遗形。
蓬莱去人似不远,指点水上三山青。
褰裳濡足恐未免,傥有飙驭吾当乘。
是中始觉宇宙大,眼力虽穷了无碍。
云梦八九不足吞,回视尘寰一何隘。
曾闻芥子纳须弥,漫说草庵含法界。
看我振衣千仞冈,笑把豪端捲烟海。

在宋代诗人楼钥的笔下,《登育王望海亭》这首诗如同一幅徐徐展开的画卷,带领我们走进一个壮阔的自然世界。诗人以瘦弱的藤杖为伴,一步步攀至山巅,仿佛能将山头的云雾一一拨开,直至那座危亭映入眼帘,它孤高耸立,仿佛是天地间的一处绝佳观景台。

站在亭上,诗人的视野无限拓展,眼前的平野与大海相接,海天一色,无边无际。"平田万顷际大海,海无所际空冥冥",这海,似乎没有尽头,它与天空融为一体,深邃而神秘。诗人的心境也随之开阔,仿佛能洞察天地的奥秘。随着视线的延伸,诗人看到了远去的船帆和飞翔的鸟儿。"飞帆去鸟无遗形",它们在这片广阔的天地间显得如此渺小,却又如此生动。诗人的心中涌起一股向往,仿佛蓬莱仙境就在眼前,只需一指,便能触及那三座青翠的小岛。然而,诗人也意识到,即便是仙境,也难免会有涉水湿足的担忧。"褰裳濡足恐未免,傥有飙驭吾当乘",他幻想着如果有风车,便能乘风破浪,自由翱翔于这无垠的天地之间。站在这千仞之巅，诗人深刻感受到宇宙的浩瀚。"是中始觉宇宙大，眼力虽穷了无碍"，即使目力所及有限，但心灵却能超越视觉，感受到宇宙的无限。他回望人间，觉得那尘世的狭小与狭隘，与这宇宙的辽阔相比，显得多么微不足道。诗人以典故表达了即使是微小之物，也能包含广大的世界。"曾闻芥子纳须弥，漫说草庵含法界"，即使是简陋的草庵，也能包含整个宇宙。他振衣于山冈之上，"看我振衣千仞冈，笑把豪端捲烟海"，以笔端卷起这无尽的大海，展现了一种超脱尘世、遨游宇宙的豪情。

宁波地区的居民通常以"育王"来简称阿育王寺，这个名字实际上源自古印度的孔雀王朝皇帝——阿育王。育王山，亦被称为阿育王山，坐落于浙江省宁波市鄞州区的五乡镇，与阿育王寺有着不解之缘。阿育王寺不仅是中国佛教的名寺，更因其内藏有释迦牟尼佛的真身舍利，因而声名远播。

据记载，在我国，宁波的阿育王寺是唯一保存至今的。阿育王寺自西晋建立以来，已有一千七百多年的历史，虽历经多次重建与修缮，但其庄严的佛教氛围始终未变。这里不仅是佛教徒的圣地，也是研究佛教历史与文化的重要场所。育王山与阿育王寺，它们的故事如同一首悠长的史诗，融合了历史的深度与自然的清新。山以其壮丽守护着寺庙，而寺庙以其宁静回应着山的呼唤，共同讲述着信仰、文化与传承的故事。

育王山的自然美景与阿育王寺的宗教气息相映成趣，共同绘制出一幅人与自然和谐相融的宁静画面。

○○○○
十字港、霞屿寺、二灵山、月波楼，如今还在吗？

咏东钱湖

宋·史浩

行李萧萧一担秋，浪头始得见渔舟。
晚烟笼树鸦还集，碧水连天鸥自浮。
十字港通霞屿寺，二灵山对月波楼。
于今幸遂归湖愿，长忆当年贺监游。

东钱湖，一个宁静而古老的湖泊，它静静地躺在宋代诗人史浩的笔下，成了一幅流动的山水画卷。《咏东钱湖》这首诗，是诗人对这片湖光山色的深情吟咏，也是他内心情感的流露。

"行李萧萧一担秋"，诗人以秋日的行囊为引，开启了这段旅程。这担行李，轻装简行，却承载着诗人对东钱湖的无限向往和期待。"浪头始得见渔舟"，随着波浪的起伏，渔舟若隐若现，仿佛是湖面上的一抹灵动，给这片宁静的湖面带来了生机。"晚烟笼树鸦还集，碧水连天鸥自浮"，傍晚时分，湖面上升起的烟雾，轻轻笼罩着树木，乌鸦在枝头聚集，而碧绿的湖水与天空相接，海鸥自在地在水面上漂浮。这两句诗，以晚烟、碧水、鸦群和海鸥为元素，勾勒出一幅宁静而又生动的画面。"十字港通霞屿寺，二灵山到月波楼"，诗人的目光随着十字港的水流，远眺霞屿寺，又望向二灵山，直至月波楼。这里的"十字港""霞屿寺""二灵山"和"月波楼"，不仅是地理上的标识，更是诗人心中的圣地，它们串联起了东钱湖的自然景观和人文底蕴。"于今幸遂归湖愿，长忆当年贺监游"，诗人在诗的结尾，表达了自己对东钱湖的深厚情感。"归湖愿"，是诗人对这片湖泊的向往，也是他心中的一种归属感。而"贺监游"，则是指唐代诗人贺知章曾游历此地，诗人通过回忆，将自己的情感与历史人物的足迹相连接，赋予了东钱湖更深远的意义。

《咏东钱湖》这首诗，不仅描绘了东钱湖的自然美景，更抒发了诗人对这片土地的热爱和怀念。它让我们随着诗人的笔触，感受到了东钱湖的宁静与美丽，也体会到了诗人对这片土地深深的情感。

宁波舟山港因其规模和重要性而闻名世界，在古代，宁波这座水系发达的城市已经拥有众多港口，其中十字港便是历史悠久的一个。随着时间的流逝，到了清代，人们根据谐音赋予了它一个更雅致的名字——集仕港。至今，宁波方言中集仕港的发音仍与"十字港"相近。九百年前，集士港镇所在地区还位于广德湖的中心，那时湖面辽阔，人迹罕至。宁波历史上的广德湖，面积广阔，而湖心正是现在的集士港镇。广德湖被填后，形成了众多交错的河流，其中东西向的中塘河与南北向的一条塘河在此处汇集，形成了十字形的港口。

如今，集士港镇已经成为宁波市海曙区的一颗耀眼明珠，不仅是宁波向西扩展的重要城市门户，也是一座融合了生态、科技与休闲的现代化卫星城，成为推动宁波西部发展的新动力。

史浩的诗中提到的霞屿寺、月波楼、二灵山等地标都与宁波东钱湖紧密相关。东钱湖畔的下水村，是鄞县历史上著名的望族——史氏家族的发源地，这个家族曾有过"一门三宰相，四世两封王"的辉煌。史浩，这位既是宰相又被封王的人物，于1178年建造了月波楼，并在其旁堆石成岩，最初名为"宝陀洞天"，后来改称月波寺。

东钱湖东岸的霞屿岛上，有著名的小普陀。相传，史浩的母亲叶氏虔诚信奉观音，一直有前往普陀山进香的愿望。考虑到母亲年事已高，且旅途遥远，史浩便在霞屿岛上建造了霞屿寺，并开凿了观音道场，以满足母亲的心愿。从此，这里便被称为"小普陀"。小普陀以霞屿禅寺为中心，与月波山隔湖相望，拥有八百多年的历史，北侧紧邻二灵山。

> 二灵山位于东钱湖的幽静之地，景色迷人，曾吸引许多高僧和名士隐居。据《东钱湖志》记载，吴越国的文穆王钱元瓘曾命国师德韶在二灵山建石塔七层，塔下有金襕庵，即二灵寺的前身。二灵山上曾有二灵塔、二灵寺和二灵山房，均取"水灵山灵"之意。二灵塔是一座七层方形石塔，夕阳西下时，塔上的光线映照在湖面上，形成"二灵夕照"的美景。

　　史浩曾登上二灵山并出资修复了普光院。他在诗中描述了从二灵山远眺霞屿寺和月波楼的景象。月波寺位于月波山上，与霞屿禅寺隔湖相对，山上有史浩主持修凿的"宝陀洞天"石洞。尽管月波寺和五柳庄等建筑已不复存在，但遗址依然留存。

　　东钱湖的湖面上，青山与绿水相映成趣，山脚下的湖水平静如镜，映照着青山和古村，波光粼粼，景色宜人。

○○○
天一阁藏了多少书？

久不登天一阁，偶过有感
清·全祖望

历年二百无书羞，天下储藏独此家。
为爱墨香长绕屋，只怜带草未开花。
一瓻追溯风流旧，十载重惊霜鬓加。
老我尚知孤竹路，谁来津逮共乘槎。

天一阁，作为中国古代著名的藏书楼，见证了无数书籍的沧桑与历史的变迁。诗人在多年未踏足此地后，再次造访，心中涌动着复杂的情感。"历年二百无书羞"，诗人以天一阁藏书的历史为起点，两百年来，这里的藏书安然无恙，历经风雨，依旧完好。"天下储藏独此家"，天一阁的藏书之丰，堪称天下之最，独一无二，它不仅是知识的宝库，也是文化的传承。"为爱墨香长绕屋，只怜带草未开花"，诗人表达了自己对书籍的热爱，墨香象征着学问与智慧，长年累月地在屋中弥漫，而"带草未开花"则暗喻着诗人对某些未竟的事业或未成的学问的遗憾，它们如同未开花的草，等待着绽放的时刻。"一瓻追溯风流旧，十载重惊霜鬓加"，诗人回忆起往昔的岁月，一瓻，古代容量单位，这里用来形容诗人对过去风流往事的追忆。"十载重惊霜鬓加"，则表达了时间的流逝给诗人带来的震惊，十年的光阴，足以让人的头发染上霜白。"老我尚知孤竹路，谁来津逮共乘槎"，诗人在诗的结尾，以孤竹路比喻自己的孤独与坚持，孤竹，象征着高洁与独立。诗人虽然年老，但依然明白并坚持自己的道路。"谁来津逮共乘槎"则是在问，有谁能与我一同乘着木筏渡过这知识的海洋，共享这份探索与发现的乐趣。这是一种对志同道合者的渴望，也是对知识探索永无止境的宣言。全祖望的这首诗，以其深沉的情感和丰富的意象，让我们感受到了知识的力量、时间的流转以及个人追求的价值。

　　天一阁，沐浴在宁波月湖之畔的古老书香，自明代嘉靖年间起便矗立于此，成为亚洲现存最古老的私家藏书楼。范钦，这位明代藏书家，以一腔对知识的热爱，历经岁月沧桑，将七万余卷书籍汇聚于此，筑起了这座文化的丰碑。

　　然而，历史的长河总是波澜起伏，天一阁的藏书亦难逃聚散的宿命。历经太平天国的战火、民国时期的动荡，许多珍贵书籍如流星般划过夜空，消逝在不知名的角落。据李开升的研究，如今，天一阁流散的书籍从全球三十二家公私藏家中得以部分寻回，尽管只是冰山一角，却足以让人心生敬畏。

　　走进天一阁博物馆，仿佛能听到那些古籍在低语，诉说着它们的前世今生。每一卷都是历史的见证，每一页都是知识的传承，这些藏书不仅源自范氏家族的世代守护，更得益于宁波乃至全国收藏家的慷慨捐赠。为了让这些珍贵的文化遗产得以永续，天一阁博物馆已经完成了两百多万页的古籍数字化工作，让古老的文字在现代科技的辅助下焕发新生。古籍数字阅览室的设立，让世界各地的读者都能够跨越时空的界限，与这些古籍进行亲密的对话。天一阁博物馆不仅是书籍的守护者，更是文化传承的推动者。这里，科举录、明代政书、范氏奇书等一大批古籍已相继出版，让学术研究的成果得以广泛传播。

　　岁月悠悠，天一阁见证了无数的变迁，但始终坚守着一个信念：让文化的光芒穿越时空，照亮未来。在这里，每块石碑、每页书卷，都承载着历史的厚重，诉说着文化的不朽。天一阁，这个名字，已不仅仅是一个地点，更是一种精神，一种对知识无尽追求和传承的精神。

○ ○ ○
天童寺隐藏在十里青松里面吗？

天童寺

明·王应鹏

十里青松接翠微，梵王宫殿白云飞。
钟声出岫客初到，月色满庭僧未归。
偶有闲情依净土，竟无尘虑渎天机。
明朝尚有登高兴，千仞冈头一振衣。

在王应鹏的《天童寺》中，诗人脚步轻移，步入一片远离尘世喧嚣的宁静之地。
"十里青松接翠微"，青松的翠绿与山峦的青翠相映成趣，仿佛是一条通往天童寺的绿色长廊，引领着诗人和读者进入一个清新脱俗的世界。随着诗人的深入，"梵王宫殿白云飞"，寺庙的宏伟与庄严在白云的环绕下显得更加神秘莫测，如同天上的宫殿降临人间。"钟声出岫客初到"，寺庙的钟声在山谷间回荡，宣告着诗人的到来，也似乎在提醒着世人，这里是一片净化心灵的地方。"月色满庭僧未归"，夜晚的天童寺沉浸在柔和的月光之中，僧人们尚未归来，庭院空无一人，这份宁静与祥和让人感受到一种超脱世俗的宁静。"偶有闲情依净土"，诗人在这里找到了片刻的宁静，将闲情寄托于这片净土之上，寻求心灵的慰藉。"竟无尘虑渎天机"，诗人感叹，在这片净土之中，世俗的烦恼和忧虑都变得微不足道，不再干扰对生命和宇宙奥秘的领悟。"明朝尚有登高兴，千仞冈头一振衣"，诗人期待着第二天的登山之旅，站在高峰之上，振衣远望，不仅是对自然美景的向往，也是对心灵自由的追求。

《天童寺》这首诗，以其清新脱俗的语言和深邃的内涵，展现了诗人对清净之地的向往和对内心世界的深刻感悟。诗人通过对天童寺的描绘，传达了对自然和宇宙的敬畏，以及对心灵净化和自由的渴望。这是一次心灵的旅行，也是一次精神的洗礼，引领我们进入一个宁静、祥和、超脱的境界。

在宁波的东郊，太白山的山脚下，有一座古老的寺庙，它的名字叫天童寺，它的历史可以追溯到西晋永康元年，那是公元300年的故事。据说，当时的僧人义兴，被这里的山水之美所吸引，便在此地结庐修行。在那个没有人烟的地方，有个童子每天都会给他送来斋饭和水，直到寺庙建成。童子自称是太白金星，是奉了天命来帮助义兴的，然后就神秘地消失了。从那以后，山被称为"太白山"，寺庙也因此得名天童寺。

经过唐宋元明清五个朝代的风雨，天童寺见证了佛教文化的传承和演变。唐代开元年间，法璇僧人在这里重建了精舍，后来的宗弼和尚又把它迁到了太白峰下，使这里成了禅宗的十方丛林。到了宋代，天童寺的名声更加显赫，被列为禅宗五大寺院之一。真宗皇帝赐予了"天童景德禅寺"的名号，神宗皇帝和徽宗皇帝也都对这里的僧人给予了极高的荣誉。

元朝时期，天童寺继续扩建，成宗皇帝赐予了"朝元宝阁"的名字，元良禅师重建了宝阁，并且铸造了万尊铜佛供奉于其中。到了明代，洪武年间，天童寺被册立为禅宗五山之第二山，到了清代，它又与镇江金山寺、常州天宁寺、扬州高旻寺并称为禅宗四大丛林。

天童寺不仅是禅宗的重要道场，也是中日佛教文化交流的桥梁。自唐宋以来，宁波与日本及东南亚等国的文化交流中，天童寺扮演了重要的角色。如今，天童寺作为海上丝绸之路的活化石，被列入海上丝绸之路中国史迹的名单中。

天童寺，并非真的隐藏在十里青松之中，这样的描述更多的是一种诗意的夸张，用以形容寺庙周围环境的宁静与幽深。实际上，天童寺以其宏伟的建筑群和深厚的文化底蕴，早已成为人们心中的一片净土。"山山桑拓绿浮空，春日莺啼谷口风。二十里松林欲尽，青山捧出梵王宫"。王安石主政鄞县时留下的这首诗中，生动描写了天童寺前的景象。"群峰抱一寺，一寺镇群峰"，天童寺东、西、北三方有六峰簇拥，唯独南面天阔山远，一条郁郁葱葱万松大道恭迎宾客朝山进香。

走进天童寺，就像是步入了一个宁静的世界。古老的殿堂、飞檐翘角的楼阁、香烟缭绕的香炉，每一处都透露出一种庄严肃穆的氛围。寺庙内的僧侣们，或静坐禅修，或轻声诵经，他们的存在，让这座寺庙更加充满生机与灵性。虽然十里青松并非实际的距离，但这样的描绘却生动地传达了天童寺周围的自然环境。在这里，松树挺拔苍翠，它们与寺庙的古朴建筑相映成趣，共同构成了一幅宁静致远的画卷。

○○○
天封是个名字还是个年代？

登天封塔

明·张瓒

天封宝塔镇明州，乘暇登临倦未收。
举目仰瞻银汉近，荡胸平见白云浮。
远穷海宇三千界，高出风尘十二楼。
忽听下方钟磬响，回看星斗挂檐头。

天封塔，耸立于浙江省宁波市的一方古老瑰宝，承载着宁波深厚的历史与文化遗产。它不仅是城市的标志性建筑，更是宁波人民精神的象征。天封塔最初名为"天封塔院"，后被尊称为"天封院"。这座宝塔在历史的长河中历经沧桑，见证了宁波的兴衰变迁。南宋时期，金兵的铁蹄曾一度将其化为灰烬，但在绍兴十四年（1144年），天封塔在废墟中重新崛起，再次成为宁波的骄傲。天封塔以其仿宋阁楼式的砖木结构，展现了宋代建筑的精致与庄严。它不仅是宁波港海上航行的重要航标，也是宁波作为古代对外贸易港口的历史见证。在宁波的繁荣时期，明州港作为中国三大贸易港口之一，天封塔见证了无数外国使节、留学生和商旅的往来。

张瓒宦的《登天封塔》以明州（宁波古称）的天封塔为背景，抒发了诗人登高望远时的感慨与遐想。诗中，天封塔不仅是明州的地标，更是诗人心灵的寄托，承载着对宇宙和自然的无限向往。"天封宝塔镇明州"，开篇即以宝塔的庄严与雄伟，映照出明州的繁荣与宁静。"乘暇登临倦未收"，诗人在闲暇之余登上宝塔，尽管身体感到疲倦，但心灵却得到了释放和升华。"举目仰瞻银汉近"，诗人抬头仰望，仿佛银河近在咫尺，这种视角的转换，让人感受到诗人与宇宙之间的紧密联系。"荡胸平见白云浮"，放眼望去，白云在胸中荡漾，给人以宁静致远之感，仿佛心灵也随之飘荡。"远穷海宇三千界"，诗人的视野无限拓展，穿越了海宇的界限，达到了三千界的辽阔。"高出风尘十二楼"，宝塔的高度超越了尘世的纷扰，诗人在这里感受到了超脱与清净。"忽听下方钟磬响"，突然之间，下方传来的钟磬之声，打破了宁静，将诗人的思绪从宇宙的辽阔拉回到现实。"回看星斗挂檐头"，诗人回首望向宝塔的檐头，仿佛星星就挂在檐角，这种景象既神秘又壮观，让人感受到宇宙的浩瀚与自身的渺小。

整首诗通过对天封塔的描绘，展现了诗人对自然和宇宙的敬畏以及对心灵净化和精神升华的追求。诗人以塔为媒，将自己的心灵与宇宙相连，体验了一次从现实到超脱的心灵之旅。这是一次心灵的飞翔，也是一次对生命意义的深刻探索。

"天封塔，十八格，唐朝造起天封塔，沙泥堆聚积成塔，鲁班师傅会呆煞。"宁波的天封塔，一座历史悠久的建筑，位于海曙区大沙泥街与开明街交会处，曾是宁波的制高点，俯瞰三江口。

天封塔首次出现在地图上是在南宋宝庆二年（1226年）的《宝庆四明志》中，那时宁波城还保持着长方形的格局，而天封塔则位于城市的东南角。关于塔的建造，有记载称其始建于唐朝通天年间，是为了纪念僧伽而建，僧伽被视为观音的化身，能够保佑平安，因此深受民众的尊崇。

宁波流传着一个传说，古时三江口有鳖鱼精作乱，一位老石匠用红宝石降伏了它，并发誓要建造一座塔来保存这颗宝石，以确保三江口的安宁，这座塔便是天封塔。虽然这只是一个传说，但它反映了天封塔建造的历史背景。七世纪末，四明地区的官民开始整治三江口，以应对洪水和海潮带来的灾害，天封塔的建造，可能也寄托了人们对安定和平安的期望。

天封塔的名字来源于唐代的两个年号，象征着那个时代的文化与政治繁荣。塔的结构为砖木，共有十四层，高约五十米，呈六角形。最初建造时，采用了积沙法，即每建一层，就在周围堆起相应高度的沙土，以便向上运送材料，塔建成后，沙土被移走。这一建造过程也使得天封塔南侧的街道得名"大沙泥街"。

南宋初期，天封塔曾因战乱而毁，后于绍兴十四年（1144年）重建。1984年，考古学家对塔的地宫进行了发掘，发现了带有"绍兴十四年"铭文的银殿、银塔等文物。天封塔不仅是宁波的象征，也是古代海上丝绸之路的重要航标。现存的塔身高十八丈，共十四层，其中七层可见，七层隐藏，包括神秘的地宫。

在唐代，天封塔不仅是宁波的地标，也是海上丝绸之路上的导航灯塔。直到近代，它也一直是宁波最高的建筑，指引着来自各地的船只。

○ ○ ○

招宝山前是什么大洋？

登招宝山望海

清·袁枚

招宝山头坐，茫茫望大洋。

波涛如起立，人世定洪荒。

水合天无缝，云生岛尽藏。

有谁温带下，亲手折扶桑。

在清代诗人袁枚的《登招宝山望海》中，我们被引领至招宝山之巅，一同体验诗人面对浩瀚大海时的无限感慨与深邃思考。

诗人静坐山巅，极目远眺，只见大海波涛汹涌，无边无际，这开阔的视野，让人心旷神怡，仿佛能忘却尘世的烦恼。海浪翻滚，宛如站立的巨人，给人以强烈的视觉冲击，诗人由此联想到人世间的沧桑巨变，如同这海浪一般，不断冲刷着历史的岸边。水天相接，浑然一体，找不到一丝缝隙；云层缭绕，岛屿若隐若现，如同被云层轻轻遮掩。这首诗，以水天一色、云雾缭绕的景象，展现了大自然的壮丽与神秘。

整首诗通过对招宝山与大海的描绘，表达了诗人对自然景观的赞叹，对人生哲理的思考以及对人类探索精神的向往。袁枚以其独特的文笔，将我们带入一个既真实又超然的世界，让我们在欣赏大海的壮阔的同时，也感受到了诗人的情感与哲思。这是一次心灵的洗礼，也是一次对生命意义的深刻探索。

宁波的招宝山，不仅是大自然的恩赐，也是历史长河中沉淀的宝贵遗产。它位于镇海区，紧邻甬江的入海口，是宁波的海上门户，也是这座城市一道亮丽的风景线。

据考证，大约六千年前，招宝山曾是一个岛屿，随着时间的推移和海岸线的变迁，它逐渐成了一个半岛，直至1974年镇海新港的建设，招宝山完全融入了镇海的内陆。

招宝山虽然海拔不高，只有八十米，但它地处甬江入海口的北岸，东临大海，南接甬江，与金鸡山隔江相望，是江海的咽喉，也是海防的战略要地。这里的海域是东海的一部分，也是太平洋的边缘，见证了无数船只的往来，承载着宁波作为港口城市的繁荣。

招宝山原名候涛山，因其地理位置和商业繁荣而得名。它与金鸡山对峙，形成了天然的屏障，被誉为"两浙咽喉"和"浙东门户"。山上有丰富的人文景观，包括威远城、鳌柱塔、宝陀寺以及明清时期的海防工事。

招宝山的宝陀寺，原名宝陀禅寺，是普陀山紫竹林不肯去观音院的分支，是著名的佛教圣地和观音道场，属于佛教禅宗。

招宝山见证了宁波从小渔村到国际大港的发展历程。山上的招宝山灯塔自唐代起就指引着航行的船只，是中国古代海上丝绸之路的重要航标。山上还有许多古迹，如古炮台、古城墙，诉说着宁波历史上在军事和海防方面的重要性。

招宝山不仅是宁波的地理标志，更是城市精神的象征。它历来是兵家必争之地，自唐代以来共发生大小战事四十多起，留下了众多的海防遗址。这些遗址历史悠久、分布集中、类型齐全、保存完好，在国内极为罕见。

招宝山也是宁波人的精神象征，许多宁波帮的杰出人物，如船王包玉刚、影视大亨邵逸夫，都是从这里出发，走向更广阔的舞台。招宝山承载着宁波人民对海洋的敬畏和对历史的尊重。如今，招宝山下宁波舟山港的繁忙景象，展示了宁波作为现代化港口城市的活力。

○○○
雪窦山为何被称为"四明第一山"?

游雪窦三首 其二

明·王守仁

穷山路断独来难，过尽千溪见石坛。
高阁鸣钟僧睡起，深林无暑葛衣寒。
蛰雷隐隐连岩瀑，山雨森森映竹竿。
莫讶诸峰俱眼熟，当年曾向书图看。

王守仁，明代著名的哲学家、军事家，也是心学的集大成者。这首诗，是王守仁以行者的身份，描绘了他在雪窦山中穿行时的所见所感。诗中，他表达了山道的险峻与难以独行的艰辛。"穷山路断独来难"，透露出旅途的不易与对坚持的赞美。当他越过无数溪流，终于到达石坛，"过尽千溪见石坛"，那份豁然开朗与内心的宁静跃然纸上。在山中，他听到高阁的钟声，看到僧侣随着钟声起居，"高阁鸣钟僧睡起"，不仅描绘了僧侣有规律的生活，也反映了诗人对这种超脱尘世生活的向往。深林中的清凉，即使在炎炎夏日也能感受到，"深林无暑葛衣寒"，诗人在这里找到了心灵的慰藉。山中的自然声响，如蛰雷和岩瀑的轰鸣，"蛰雷隐隐连岩瀑"，以及山雨中的竹林，"山雨森森映竹竿"，构成了一幅动人的自然交响曲，展现了大自然的生机与活力。最后，诗人以一种似曾相识的感觉结束全诗，"莫讶诸峰俱眼熟，当年曾向书图看"，表达了诗人对山景的熟悉与亲切，也透露出他对过往经历的回忆与思考。

这首诗不仅是对雪窦山自然美景的描绘，更是王守仁内心世界的抒发。他通过对山中景色的观察，反映了自己对生命、自然和宇宙的深刻感悟以及对心灵归宿的追求。这是一次心灵的探索之旅，也是对自然与人生哲理的沉思。

雪窦山，这座位于宁波市奉化区西北的名胜，以其"海上蓬莱，陆上天台"的美誉而闻名，与五台山、普陀山、峨眉山、九华山并称中国佛教五大名山。它不仅承载着丰富的历史印记，还蕴含着无数传说故事。

王守仁在这首诗中写道"穷山路断独来难"，不仅描绘了登山之路的艰难，更表达了一种旅途中的孤独感和对自然景观的深刻体验，与李白的夸张手法相比，王守仁的笔触更显细腻。

雪窦山的名字来源于山中乳峰的雪窦，泉水从窦中涌出，色白如乳，故得名。山中景点众多，如千丈岩、妙高台、亭下湖、三隐潭、徐凫岩等，每一处都美不胜收，令人流连忘返。

三隐潭隐匿于幽深峡谷之中，由上、中、下三个深潭组成；徐凫岩则以其绝壁陡崖而闻名；而千丈岩则以其一百七十米高的瀑布落差，气势磅礴，吸引了王安石等文人墨客赋诗赞美。

雪窦山不仅是自然景观的宝库，更是佛教文化的圣地。妙高台则以其开阔的视野，成为观赏雪窦山全景和佛教信徒朝圣的重要场所。

沿着曲折的山路，首先迎接人们的是千丈岩瀑布，其如丝如缕的水流从高处飞泻而下，成为游客必到的打卡地。而妙高台，不仅是自然美景的观赏点，还承载着苏东坡赏月的佳话。

雪窦山的美，不仅在于它的自然景观，更在于它深厚的文化底蕴。历代文人墨客的赞美之词，使雪窦山声名远播，成为人们的向往之地。

ᴐ ᴐ ᴐ

王安石为何对姚江赞不绝口？

泊姚江

宋·王安石

山如碧浪翻江去，水似青天照眼明。

唤取仙人来住此，莫教辛苦上层城。

王安石，北宋时期杰出的政治家、文学家，他的诗作《泊姚江》创作于他推行变法、经历政治风波之时。这首诗反映了王安石在政治斗争和个人理想之间挣扎的心境，同时也表达了他对自然美景的热爱和向往。

"山如碧浪翻江去"，王安石以山喻浪，形象地描绘了姚江两岸山峦的起伏，如同碧绿的波浪翻滚着向远方奔去，给人以强烈的视觉冲击和动感，这不仅展现了自然的壮美，也隐喻了政治风云的变幻莫测。"水似青天照眼明"，清澈的江水如同青天一般，明亮照人，洗净了诗人内心的尘埃。这里的水，既是自然之美的体现，也是诗人对于清明政治的渴望。"唤取仙人来住此"，诗人想象着召唤仙人来此居住，表达了自己对这片山水的热爱以及对超脱尘世纷扰的向往。这里的仙人，可以是理想中的隐士，也可以是诗人自己内心对于理想生活的寄托。"莫教辛苦上层城"，诗人不愿意再为了追求高位而辛苦奔波，这里的"上层城"象征着权力的中心和世俗的纷扰。诗人在这里表达了一种超然物外的人生态度，希望能够远离尘世的喧嚣，寻找内心的宁静。

整首诗通过对姚江景色的描绘，展现了王安石在政治斗争中的疲惫和对理想生活的向往。他以山水为载体，表达了自己对自然美景的热爱，对政治清明的渴望，对超脱尘世的向往。这首诗不仅是对姚江美景的赞美，更是王安石内心世界的抒发。通过这首诗，我们可以感受到王安石的情感与哲思以及他对于理想与现实之间矛盾的深刻体悟。

姚江，又名余姚江，是流经浙江省宁波市的一条主要河流，它源于浙东的丘陵地带，穿越余姚市，最终注入杭州湾。这条河流以其明净的水质、迷人的风光和深厚的文化底蕴闻名遐迩。河岸两侧景色秀丽，山清水秀，历来受到文人雅士的吟咏，也是当地居民生活的重要组成部分。

姚江历史悠久，却也焕发着青春活力。

姚江的古老，从河姆渡遗址的地层中可见一斑。考古学家发现姚江曾流经河姆渡遗址的第一文化层，并渗透至第二文化层的表面，后者距今大约六千至五千五百年。据此估计，姚江至少有五千五百年的历史。"姚江"这一名称的出现则是较晚的事。唐玄宗开元年间慈溪县设立，河流随之更名为慈溪。到了宋代，中国地图上首次出现了"余姚江"这一名称。明万历年间，"余姚江"正式更名为"姚江"，并一直沿用至今。

姚江的源头位于四明山，这里降雨量极为丰富。四明山的水流汇聚成三条主要的河流——姚江、奉化江和曹娥江。

王安石对姚江的美景赞不绝口。在《泊姚江》中，他用"山如碧浪翻江去，水似青天照眼明"的诗句，生动地描绘了姚江的山水之美，山峦起伏，水面清澈，令人心旷神怡。至今，姚江两岸依然是市民休闲放松的理想之地。

王安石的政治生涯坎坷，他在推行变法时遇到了不少阻力和困难。面对复杂的政治斗争，他内心渴望超然和宁静，而姚江的美景恰好提供了这种心灵的慰藉。他在诗中写道："唤取仙人来住此，莫教辛苦上层城。"表达了王安石对远离尘世喧嚣、寻求精神寄托的渴望。

王安石对姚江的赞美，也是对理想生活的追求。宋代文人对自然山水有着深厚的情感，常将自然美景与理想生活相联系。王安石通过赞美姚江，传达了他对和谐共生、心灵净化的理想生活状态的向往。

○ ○ ○
出了鼓楼城门就是出城了吗？

海曙楼怀古

明·范汝梓

披襟直上最高楼，极目偏添桑梓愁。
日落江城千嶂晚，露飘砧杵万家秋。
四明翠锁潺湲洞，三岛波浮聚窟洲。
君子六千营尚在，不知谁是计然俦。

范汝梓的《海曙楼怀古》是一首充满怀古之情的诗篇，诗人以海曙楼为视角，抒发了对故乡的深深眷恋和对往昔岁月的无限追忆。

诗人以豪迈的笔触，描绘了自己登上海曙楼的情景，衣襟随风飘扬，表现出一种超然物外的气度。站在楼顶远望，诗人的视野无限开阔，然而这开阔的视野却平添了对故乡的愁绪，"桑梓"是故乡的代称，诗人的思乡之情溢于言表。夕阳西下，江城的景色在晚霞的映衬下显得更加壮美，"千嶂"形容山峦重重，"晚"字点出了日落时分的宁静与苍茫。秋夜的露水伴随着千家万户捣衣声，营造出一种宁静而又略带忧伤的秋日氛围。四明翠锁潺湲洞，四明山的青翠仿佛将潺潺的山泉锁住，"翠锁"二字形容山色青翠，如同锁住了泉水，"潺湲"则是水流声，这里用来形容四明山的秀美和泉水的清澈。三岛在波涛中若隐若现，如同漂浮在海中的仙岛，"聚窟洲"是传说中的仙境，这里用来形容海中的岛屿美丽而神秘。

从这首诗中，我们可以感受到范汝梓作诗时的心境。他站在海曙楼上，面对着故乡的山水，心中既有对自然美景的赞美，也有对故乡的深深眷恋。同时，诗人也通过对古代士兵营地的描绘，表达了对历史的缅怀和对过往人物的追忆。这首诗不仅是对海曙楼美景的描绘，更是诗人内心情感的抒发，展现了他深厚的文化底蕴和对故乡、历史的无限热爱。

很多城市都有鼓楼，宁波鼓楼的建筑绝对是不同于其他城市鼓楼的存在，它是中西合璧的体现，是宁波仅存的古城楼遗址，也是国家文物重点保护的古建筑之一。宁波鼓楼始建于唐长庆元年（821年），至今已有一千一百多年的历史。它是宁波历史上正式置州治、立城市的标志。

在古代城市的布局中，宁波拥有内城和外城的双重城墙结构。当年明州刺史韩察将州治从小溪镇迁到宁波三江口，以现在的中山广场到鼓楼一带为中心，建起官署，又立木栅为城，后来又以大城砖石筑成城墙，历史上被称为"内城"，即子城，是宁波的行政中枢，子城的南城门就是现在的鼓楼。外城，则是百姓的生活区域，环绕于子城之外。这两道城墙，见证了宁波从唐至清的沧桑巨变。

谯楼，即鼓楼之古称。据《辞海》解释，谯楼乃古时城门上用于瞭望之楼。元代诗人陈孚曾赋诗"谯楼鼓角晓连营"，描绘的正是宁波鼓楼的景象。古代筑城，谯楼是不可或缺的建筑，此乃汉代遗风。谯楼内常悬挂巨钟，早晚敲击，令百姓心生敬畏。战时，谯楼还承担着侦察敌情、保卫城池的重任。

"门楼之巅，以瞭望为名曰谯。"宁波的悠久历史，始于鼓楼的奠基之石。谯楼之上，常见刻漏，即带有小孔的壶与刻有尺度的浮标。在那个钟表尚未问世的年代，刻漏成为古人计时的重要工具，而鼓楼上的刻漏，更是民众心中的时间准绳。1048年，北宋庆历八年，王安石任鄞县县令，为鼓楼的刻漏撰写了《新刻漏铭文》。这位杰出的政治家、改革者、文学家，站在鼓楼之巅，不仅为刻漏铭志，更以刻漏为喻，表达了自己勤勉治国的决心，愿如刻漏般精准无误，以勤勉之心治理政务。

鼓楼是宁波千年子城的发端见证者，也是城市的心脏。尽管元代子城遭受毁弃，鼓楼却得以重建，明代万历年间更是以"海曙楼"之名焕发新生，成为宁波城内中西合璧的标志性建筑。

今日的鼓楼，连同其周边的公园路，已经成为宁波文化活动的重要场所。这里的建筑群不仅承载着宁波江南水乡的传统特色，更是宁波市内不可多得的历史文化街区，吸引着来自四面八方的游客，感受着宁波的历史韵味与现代活力。

明州城的"水"里，藏着多少秘密？

初赴明州

宋·范成大

四征惟是欠东征，行李如今忽四明。
海接三韩诸岛近，江分七堰两潮平。
拟将宽大来宣诏，先趁清和去劝耕。
顶踵国恩元未报，驱驰何敢叹劳生。

　　范成大于南宋乾道三年（1167年）被任命为明州（今宁波）知州，这首诗《初赴明州》即是他赴任途中所作。当时，范成大已多次受命于朝廷，此次东征明州，他带着对国家和人民的责任感以及对新职位的期待和使命感。

　　首句"四征惟是欠东征"，表明范成大此前已经多次受命出征，唯独缺少东征的经历，而此次赴任明州，正好填补了这一空白。"行李如今忽四明"，"四明"指四明山，这里代指明州，诗人的行李已经踏上了前往明州的路途。"海接三韩诸岛近，江分七堰两潮平"，这两句描绘了明州的地理特点。明州临近东海，与三韩（古代对朝鲜半岛的称呼）诸岛相隔不远；同时，明州的江河纵横，有七堰调节水流，使得潮汐平和。这里不仅展现了明州的自然景观，也隐含了诗人对这片土地的初步认识和对治理工作的思考。"拟将宽大来宣诏，先趁清和去劝耕"，范成大表明自己将秉承朝廷的宽大政策，同时利用农时，鼓励百姓耕作，以促进地方的农业生产和经济发展。"顶踵国恩元未报，驱驰何敢叹劳生"，诗人在最后表达了自己对国家深深的感激之情，认为自己虽然忙碌奔波，但与国家所给予的恩惠相比，仍感不足，因此，即使劳碌，也不敢有所抱怨，而是要继续努力工作，以报效国家。

　　整首诗不仅表达了范成大对新职位的期待和责任感，也反映了他作为官员的忠诚和担当。通过对明州地理环境的描绘和对政策的展望，范成大展现了自己对地方治理的思考和规划。这首诗是范成大政治生涯的一个缩影，也是他个人品质的真实写照。

宁波，古称明州，其名源自城中的四明山，寓意山明水秀。公元738年，唐朝开元年间，明州从越州分离出来，设立了自己的行政中心，即今天的宁波市鄞州区鄞江镇。历经五代吴越，至北宋时期，明州曾更名为奉国军，南宋时期又升级为庆元府。到了明代，朱元璋为避国号之讳，采纳了当地读书人的建议，取"海定波宁"之意，将明州改称为宁波，这个名字一直沿用至今，承载着宁波人对美好生活的祈愿。

奉化江，作为宁波地区的生命之河，其流域分布着一系列古代水利工程——堰。这些堰的名字分别是西兴堰、钱清北堰、钱清南堰、都泗堰、曹娥堰、梁湖堰和通明堰，它们不仅承载着灌溉的重任，也是宁波古代水利管理的见证。这些堰曾是官府精心维护的工程，每个堰都设有堰营，由专门的堰军负责日常的管理和维护工作，确保了水利工程的正常运作和周边农田的灌溉需求。在宋代的文献《嘉泰会稽志》中，对这些堰有详细记载，映射出了它们在当时社会经济发展中的重要地位。

宁波舟山港的盛名远播，似乎与七千年前的历史场景遥相呼应，航海的精髓在时光的流转中不断传承、永不熄灭。河姆渡遗址中发现的独木舟和柳叶桨，无不证明河姆渡人已经精通水上交通技术，水流不息，生命延续。正是水滋养了河姆渡文化，而河姆渡文化则为宁波的历史文化奠定了坚实的基础。作为人类文明的发祥地之一，深入探究宁波的河姆渡文化，我们得以一窥七千年历史长河中，宁波文明所蕴含的相同基因。

月湖，宁波的一颗璀璨明珠，其历史可追溯至唐代，最初是为了调节旱涝和供应城市用水。到了宋代，这里成了文人墨客的聚集地，湖光山色中融入了浓厚的文化气息。柳汀，作为月湖最早形成的景点，见证了北宋时期郡守钱公辅的美化之举：种植花木、修筑湖堤、建立众乐亭，使之成为民众游览的热点。钱公辅的题诗求和，得到了王安石、司马光、邵亢等名流的响应，"风月逢知己，湖山得主人"的月湖，通过诗词的流传，吸引了无数文人墨客的目光。

月湖的"内秀"不仅孕育了优美的景色，更塑造了宁波人内敛务实而又敢于创新的精神特质。湖畔书院云集，宁波逐渐发展成浙东的学术中心。文化的种子在水的滋养下茁壮成长，浙东学者的学术研究又推动了宁波藏书文化的发展。月湖的繁荣只是宁波文化的一个缩影，这座城市以湖为起点，向海拓展，展现出包容并蓄的多元面貌，预示着一个充满无限可能的未来。

第七章

舟山，古称昌国，是东海之滨的璀璨明珠，现以群岛之名享誉世界，是浙江省下辖的地级市。舟山，以海为媒，以港为魂，是中国沿海重要的港口城市，也是东南沿海的一颗耀眼明星。这里，海天一色，岛屿棋布，是探险者的梦想之地，也是诗人灵感的源泉。

早在新石器时代，舟山的土地上就孕育了独特的海岛文化，见证了中华文明的多元发展。岁月悠悠，舟山承载着厚重的历史，也迎来了现代化的繁荣。这里的沈家门渔港，是中国渔港的佼佼者，每年的渔汛期，千帆竞发，渔歌互答，展现了一幅生动的海洋生活画卷。

舟山的普陀山，是闻名遐迩的佛教圣地，观音菩萨的道场，每年吸引着无数虔诚的信徒前来朝拜。岛上的寺庙古木参天，香烟缭绕，让人感受到一种超脱尘世的宁静与祥和。

舟山的自然景观更是美不胜收。嵊泗列岛的碧海金沙，岱山的奇峰异石，还有那东极岛上的日出，都是大自然的杰作。这里的海鲜资源丰富，新鲜的海味和独特的烹饪技艺，让人大快朵颐，赞不绝口。

随着时代的发展，舟山不仅保留了丰富的海洋文化，还展现出了现代港口城市的活力。繁忙的港口，穿梭的船只，不断发展的海洋经济，都显示了舟山作为现代化港口城市的蓬勃生机。

○○○
回峰寺是怎样的建筑风格?

题回峰寺

宋·王安石

山势欲压海,禅扃向此开。
鱼龙腥不到,日月影先来。
树色秋擎出,钟声浪答回。
何期乘吏役,暂此拂尘埃。

　　王安石亲临昌国（今舟山定海县）,大约是在宋皇祐年间的秋季,彼时他正值壮年,担任鄞县县令,年约二十八岁或二十九岁,应明州的官方邀请而至。据元代大德年间编纂的《昌国州图志》记载,王安石在任明州鄞县知县期间,曾因公事至此,并在回峰寺留下了他的诗作。这一记载在后来的地方志中,如至正年间的《四明续志》、天启年间的《舟山志》以及清康熙年间的《定海县志》等,都得到了沿袭。

　　王安石的《题回峰寺》不仅描绘了寺庙在秋季的壮丽景象,更通过山海、鱼龙、日月、树色、钟声等元素,生动地表现了山门（禅扃）开启后所展现的开阔与明亮。诗中的意象,不仅反映了诗人对自然景观的深刻感受,也透露出他内心对宁静与超脱的向往。

　　诗的首句"山势欲压海",生动地描绘了回峰寺所在的山势险峻,仿佛要压倒大海一般,展现了大自然的宏伟壮观。这里的"山势"可以理解为普陀山的山势,普陀山是佛教四大名山之一,位于舟山群岛,有着深厚的佛教文化背景。"禅扃向此开",禅扃即禅房的门,这里指回峰寺的大门。王安石以禅扃的开启,表达了自己对清净之地的向往。"鱼龙腥不到,日月影先来",这两句诗描绘了回峰寺的清净与神圣。鱼龙腥气不至,意味着世俗的纷扰与污染无法侵扰这片圣地;日月影先来,则暗示了寺庙的宁静与祥和,日月的光辉先于尘世的喧嚣到达这里。"树色秋擎出，钟声浪答回"，这两句诗通过对树色和钟声的描写，进一步渲染了寺庙的宁静与祥和。秋天的树色更加鲜明，钟声在海浪的回响中显得更加悠扬，给人一种超脱尘世的感觉。最后两句"何期乘吏役，暂此拂尘埃"，王安石以自己的亲身经历，表达了对这种清净生活的渴望。他原本忙于政务，却意外地来到了这片清净之地，暂时摆脱了尘世的纷扰，心灵得到了净化。

回峰寺，这个名字背后蕴含着深厚的历史与文化意义。"回峰"一词，可能源于寺庙周围环绕的山峰，形成了一种峰回路转、景致多变的自然景观。在回峰寺附近，有一个狭门大溪坑，大溪坑在一个峰回路转之处来了个"几"字形大转弯，那个地方叫里回峰，正是回峰寺坐落的地方。

明朝洪武年间，因海禁政策，舟山岑港地区的居民被迫离开故土，携带着祖宗牌位和回峰寺的香火，迁往宁波镇海。在镇海，他们重建了寺庙，并依旧称之为回峰寺，以此表达对原乡的怀念与对信仰的坚守。王安石的题诗碑，也随香火一同迁至镇海。

"回峰"之名，不仅指自然景观，也承载着人们对故土的眷恋与对信仰的执着。清康熙年间，舟山"展复"，人们得以重返故土，回峰寺的香火也随之回归，岑港涨次原址上重建了新的回峰寺，成为第三代回峰寺。

回峰寺的故事，是舟山历史的缩影，它见证了人们的迁徙与回归，承载着对家乡的深情与对信仰的虔诚。在这里，"回峰"不仅是一个地名，更是一种精神象征，一种文化传承。

○○○
舟山的古法晒盐已列入非遗名录了吗?

煮海歌

宋·柳永

煮海之民何所营? 妇无蚕织夫无耕。
衣食之源太寥落, 牢盆煮就汝输征。
年年春夏潮盈浦, 潮退刮泥成岛屿。
风干日曝盐味加, 始灌潮波增成卤。
卤浓盐淡未得闲, 采樵深入无穷山。

柳永的《煮海歌》是一首描绘海边盐民生活状态的诗歌。诗中,柳永以深切的同情和细腻的笔触,勾勒出盐民艰辛的劳作场景和生活的不易。

首句"煮海之民何所营",直接点明了盐民的生计——依靠大海为生,但这种生计却非易事。"妇无蚕织夫无耕"进一步描绘了盐民家庭的困境,妻子不能养蚕织布,丈夫不能耕种土地,传统农业和家庭手工业在这里无法成为生活的依托。"衣食之源太寥落",诗人用"寥落"形容盐民生活的艰辛和收入的不稳定。"牢盆煮就汝输征"则描述了盐民制盐的过程,将海水引入盐田,借助阳光和风力蒸发水分,形成盐卤,再经过熬煮,提炼出盐。接下来的四句,诗人细致地描绘了制盐的过程:"年年春夏潮盈浦,潮退刮泥成岛屿。风干日曝盐味加,始灌潮波增成卤。"春夏之交,潮水涨满海岸,退潮后,盐民刮取海泥,借助自然的力量,经过日晒风吹,逐渐浓缩成盐卤。"卤浓盐淡未得闲",说明了制盐过程中对卤水浓度的精细把控,盐民不能有丝毫懈怠。"采樵深入无穷山",则是指在制盐过程中,还需要深入山林砍柴,作为熬盐的燃料。这首诗通过具体生动的描写,展现了盐民与自然抗争、辛勤劳作的生活状态,同时也反映了他们生活的艰辛和社会地位的边缘。柳永的这首诗不仅是对盐民生活的记录,更是对他们命运的深刻同情和关怀。

舟山古法制盐——岱山海盐制作技艺，是省级非物质文化遗产代表性项目。这种技艺不仅传承了千余年，而且蕴含着深厚的文化底蕴和独特的工艺特点，体现了盐民对自然规律的精准把握和对品质的严格追求。

在中国悠久的盐业历史中，制盐技术经历了多次革新。从唐代、宋代、元代直至清代中期，主要采用的是煎煮法，也就是历史上所称的煮海或熬波。这一时期的制卤过程极为艰辛，元代学者陈椿在担任浙西盐官期间，曾作《熬波图诗》，生动描绘了盐民煎盐的辛劳场景，深刻反映了盐民的艰辛生活。

到了清嘉庆年间，岱山的盐民王金邦创新性地发明了盐板，将传统的煎煮法转变为晒制法。这一变革省去了燃料的使用，大幅降低了成本，同时提高了产量。到了民国 19 年（1930 年），岱山地区的盐板数量已达到二十五万块之多。

中华人民共和国成立后，盐民们继续探索制卤工艺的改革。经过一系列的试验和探索，逐步形成了直接利用海水蒸发制卤的新方法。1958 年 12 月，舟山盐区的流枝滩投产，这一创新显著提高了生产效率，但同时也面临着较大的投资和台风侵袭的风险。因此，随后又改为平滩制卤。

随着制卤工艺的不断革新，制盐方式也从板晒逐渐转变为沥青滩、缸砖滩以及使用黑色塑料薄膜垫底的结晶滩制盐。这些变革不仅提升了盐的产量和质量，也见证了中国盐业技术的不断进步和发展。

与其他制盐方法相比，舟山古法晒盐有其独特之处。原料选取的海水来自东海无污染的纯净海域，富含矿物质，为制作高品质海盐提供了基础；工艺流程包括纳潮、沉淀、制卤、结晶、打花、收盐等精细步骤，每一步都需盐农的经验和技巧；晒制过程中不添加化学成分，保持海盐的自然风味和营养成分，虽然耗时长、产量低，但所产海盐纯净度高，口感鲜美；同时，承载了丰富的文化内涵，是连接过去与现在、自然与人文的纽带。

○○○
盛产"金塘李子"的金塘是先有山然后发展成岛吗?

咏海舟睡卒
明·俞大猷

日月双悬照九天,金塘山迥亦燕然。
横戈息力潮头梦,锐气明朝破虏间。

俞大猷,明代著名将领,以抗倭功绩著称。《咏海舟睡卒》反映了在战船上的士兵,即便在疲惫中入睡,也怀揣着明朝破敌的壮志。

"日月双悬照九天",诗的开篇以日月同辉的景象,象征着国家的威严和光明,照耀着辽阔的海域。"金塘山迥亦燕然",金塘山,指的是沿海的某处山峦,"迥"字表现了山的高远,"燕然"则形容山势的险峻,如同古代燕然山一般。"横戈息力潮头梦",这里的"横戈"指的是士兵们放下武器,"息力"则是休息,"潮头梦"则是指在波涛汹涌的海潮声中入梦,这里描绘了士兵在战船上,尽管身处动荡不安的海面,依然能够找到片刻的安宁,进入梦乡。"锐气明朝破虏间",诗人笔锋一转,表达了士兵即便在休息时,心中也充满了战斗的锐气和决心,"明朝"即第二天,"破虏"则是指击败敌军,这里展现了士兵们对即将到来的战斗充满信心,相信能够在明日的战斗中取得胜利。

整首诗通过对海舟士兵的描绘,展现了明代抗倭将士的英勇与坚定。俞大猷以这首诗表达了对士兵的敬佩之情,同时也抒发了自己作为将领的责任感和使命感。这首诗不仅是对士兵的赞美,也是对抗击敌人、保卫国家的坚定信念的表达。通过这首诗,我们可以感受到那个时代将士的豪情壮志,以及他们对国家的忠诚和对胜利的渴望。

金塘岛，舟山群岛中面积排行第四的大岛，以其旖旎的自然风光和丰饶的物产闻名遐迩。岛屿总面积约七十八平方千米，地貌以山峦起伏为主，而耕地则主要分布在岛中部较为平坦的区域。

金塘岛的自然景观令人赞叹，东部的仙人山以约四百五十五米高的海拔成为此处最高峰，岛上还有风景秀丽的五屿，包括北馒头山、龙洞山、丫鹊山、大五屿等，是观鸟爱好者的天堂。岛屿三面环山，山峦不仅提供了丰富的森林资源，也为岛上的居民提供了宜人的居住环境。金塘岛上的居民有四万人左右，岛上设有大丰镇、沥港镇和山潭乡政府，其中沥港镇作为经济活动的中心，拥有繁荣的商业和旅游业。金塘岛的沥港，凭借其得天独厚的避风条件，成为重要的港口，每年吸引着大量的旅客。金塘岛的历史文化同样悠久，作为舟山群岛的主要粮食产区之一，岛上的农业发展有着深厚的基础。岛上的特产如金塘李子、佛香柚和贝母等，不仅丰富了当地居民的生活，也成为吸引外来游客的独特资源。

而金塘岛的山体与岛屿的形成，则是一个复杂的地质过程，通常与地壳变动、火山喷发或海平面的升降等因素有关。金塘岛作为舟山群岛的一部分，其山体和岛屿的形成很可能经历了类似的自然演变。

○○○
沈家门以前是沈家的聚居地吗?

临沈家门水寨

明·曹时中

才微身老一书生,水寨春深坐阅兵。
山到极边看有色,潮回大海听无声。
分屯里堡三军肃,斗舰云旗五色轻。
击楫中流思共济,敢于生死负皇明?

  曹时中,明代文人,其生卒年及详细生平已难以考证,但可以推测《临沈家门水寨》这首诗作于他任职或游历至沈家门水寨时。沈家门位于今浙江省舟山市普陀区,历史上是海防要地,水寨即水军营寨。这首诗描绘了诗人在沈家门水寨所见的景象,表达了他对国家海防的关切以及愿意为国家尽忠的壮志豪情。

  "才微身老一书生",诗人自谦为才能浅薄、年岁已高的书生,却有幸亲临水寨,观察春日里的军队演习。"水寨春深坐阅兵",春意盎然之际,诗人静坐水寨之中,观看军队的操练,感受着军事演习的庄严气氛。"山到极边看有色",诗人极目远眺,山峦在视野的尽头呈现出层层叠叠的色彩,"潮回大海听无声",潮水退回到大海之中,却悄然无声,这句诗通过对山与海的描绘,展现了水寨周围的自然景观,也隐喻了军事演习的静谧与深沉。"分屯里堡三军肃",军队分驻在各个营垒之中,三军严整有序,"斗舰云旗五色轻",战舰上的旗帜在风中飘扬,五彩斑斓,这句诗表现了军队的严整与壮观以及水师战舰的雄姿。"击楫中流思共济",诗人想象自己击水行舟,愿与众人共同渡过难关。"敢于生死负皇明",表达了他愿意为国家承担生死之责,不负皇恩的坚定决心。

  整首诗通过对沈家门水寨的描绘,展现了诗人对海防的重视,对军事演习的赞赏以及愿意为国家尽忠的壮志。这首诗不仅是对沈家门水寨的生动写照,更是诗人内心情感的抒发,表现了他对国家的忠诚与热爱。通过这首诗,我们可以感受到曹时中作为一介书生，对国家安危的深切关怀和为国家尽忠的坚定信念。

> 提到沈家门，眼前仿佛出现了无数的海鲜和渔港。沈家门坐落于浙江省舟山市普陀区，自这个名字首次在北宋宣和年间的史册上留下印记，至今已有九百余年的历史。它既是古代东亚海上丝绸之路之交通要道，我国历史上著名的渔港和海防重地，也是明州港通往高丽、日本等国的必经航道。这条航道早在唐代中期已经形成。元代，沈家门渔港平稳发展，沈家门人口聚居已多，称之为岙，渔港在这一时期平稳发展。清康熙年间，沈家门渔港设施日臻完备。

关于沈家门这个地名的由来，即与当地显赫的沈姓家族紧密相连。宋代徐兢在其著作《宣和奉使高丽图经》中，对沈家门的地理特征有所记载，提到该地"对开两门"，也是长期以来民间流传的所谓"青龙卧镇沈家地，白虎伏视东海门"楹联所指含之地域。因山形似门，且四围环山，形成了天然的门户，加之当地沈姓家族的聚居，因而被命名为沈家门。

历经岁月的洗礼，沈家门渔港不断繁荣发展，享誉国内外。沈家门渔港小镇以其独特的渔港风情、渔城景观和渔业文化，成了推动地区经济发展的重要力量，也是舟山市港口发展不可或缺的一部分。

○○○
香火旺盛的普济寺何以吸引万千游客？

昌国县普济寺小亭

宋·高翥

鲸海中流地，龙峰小洞天。

亭高先得月，树老久忘年。

大士居邻境，闲僧指便船。

若为风浪息，更结补陀缘。

普济寺是普陀山三大寺之一，位于浙江省舟山市普陀区普陀山白华顶的灵鹫峰南麓，北依灵鹫峰，面朝梵山。高翥，南宋时期的诗人，在游历昌国县（今浙江省舟山市定海区）的普济寺时，被寺庙周围的风景触动，有感而发创作了这首诗。

"鲸海中流地，龙峰小洞天"，开篇两句，高翥以宏大的视角描绘了普济寺的地理位置，将其比作是大海中的一块净土，龙峰则如同神话中的小洞天，超脱于尘世之外。"亭高先得月，树老久忘年"，诗人接着描绘了普济寺小亭的景色，亭台高耸，最先迎接月亮的清辉，古树参天，岁月悠长，仿佛忘却了时间的流逝，这两句诗营造了一种宁静、超然物外的氛围。"大士居邻境，闲僧指便船"，这里的"大士"指的是佛教中的观音菩萨，"邻境"是指与寺庙相邻的境界，"闲僧"则是指寺中的僧人。诗人通过这两句，表达了一种与佛门清净之地为邻的向往以及僧人指点迷津、引导人们渡过苦海的意象。"若为风浪息，更结补陀缘"，诗的最后两句，高翥表达了一种愿望，如果世间的风波能够平息，他愿意在补陀（即普陀）结下更深的佛缘。这里的"补陀缘"，既指与佛教的缘分，也隐喻了诗人对于超脱尘世纷扰、追求精神寄托的渴望。

整首诗通过对普济寺小亭的描绘，展现了诗人对自然美景的赞美，对佛教清净之地的向往以及对超脱尘世、追求精神寄托的深刻感悟。高翥以其独特的文笔，将我们带入了一个既真实又富有诗意的寺庙世界，让我们在欣赏自然之美的同时，也感受到了诗人的情感与哲思。这是一次心灵的旅行，也是一次对生命和宇宙的深刻探索。

普济寺之所以成为香火鼎盛之地，首先源于其悠久的历史和宗教意义。它所在的普陀山是中国著名的佛教四大名山之一，也是传说中观世音菩萨的应化道场。

作为普陀山三大佛教圣地之一，普济寺自宋朝以来便承载着无数信众的虔诚祈祷，成为观音文化的重要承载地，地理位置和自然环境亦为普济寺的香火添彩。普济寺依山傍水，坐落于风景如画的普陀山灵鹫峰南麓，其前临海印池，夏荷飘香，为寺庙提供了宁静祥和的氛围，使到访者心灵得以净化。

> 普济禅寺是普陀山上一座有名的寺庙，通常又被称为"前寺"，始建于五代后梁，贞明二年（916年），前身是"不肯去观音院"。相传在唐咸通四年（863年），日僧慧锷从五台山请了一座观音像归国，在途经普陀山莲花洋面之时，他的船突然触礁受阻。慧锷因此以为是观音菩萨不愿意东渡到日本，于是便在附近的潮音洞上岸，将佛像留在了普陀山供奉。于是，后人就称其之为"不肯去观音院"。

北宋元丰三年（1080年）神宗钦建殿宇，赐额"宝陀观音禅寺"。南宋绍兴元年（1131年），郡请于朝，命真歇禅师为住持，迁出渔民七百余家，使普陀山成为清净的海天佛国。之后的几百年时间里，寺庙经历了诸多曲折和意外，直到1700年清朝再拨两千金在此地修建寺庙，并赐下了"普济群灵——普济寺"的名字。从此之后，普济寺这个名字就一直沿用至今。

普济寺的建筑群宏伟壮观，沿中轴线严谨布局，从正山门到藏经楼，每一进院落都透露出庄严与和谐，体现出中国传统建筑的美学精神。寺内供奉的毗卢观音像及其他佛教造像，工艺精细，充满神韵，令人心生敬畏。

○○○
岱山海上日出有多美？

岱山竹枝词

清·萧湘

海隅日出照茅檐，板板频将海水添。
晒得仓廒白如雪，休嫌妾貌似无盐。

《岱山竹枝词》是清代诗人萧湘所作的一首描写岱山盐田劳作场景的诗。岱山，位于浙江省舟山市，是一个海岛县，历史上以盐业著称。这首诗通过描绘盐民在盐田劳作的情景，反映了盐民的辛勤生活和朴实无华的风貌。

"海隅日出照茅檐"，诗的开篇描绘了清晨海边的景象，太阳从海平面上升起，照耀着简陋的茅草屋檐。这里的"海隅"指的是海边的角落，"茅檐"则是指盐民的居所，展现了他们朴素的生活状态。"板板频将海水添"，这里的"板板"指的是用来晒盐的盐板，盐民不断地向盐板上添加海水，开始了一天的晒盐工作。这个过程需要耐心和勤劳，也体现了盐民对工作的认真态度。"晒得仓廒白如雪"，经过一天的日晒，盐板上的海水逐渐蒸发，留下了洁白如雪的盐晶。"仓廒"是存放盐的仓库，这里的"白如雪"形容盐的纯净和丰收的景象。"休嫌妾貌似无盐"，诗的最后，诗人以盐民妻子的口吻，表达了一种自谦而又自豪的情感。"无盐"是古代四大丑女之一，这里用来形容自己虽然外表平凡，但内心却像洁白的盐一样纯净和高贵。

整首诗语言朴实无华，却充满了深刻的情感和哲理。通过对盐田劳作的描绘，诗人展现了盐民勤劳朴实的生活态度和对美好生活的向往。同时，也表达了对平凡人内在美的赞美，体现了诗人深厚的人文关怀和高尚的审美情趣。这首诗不仅是对岱山盐田风光的生动写照，更是对盐民精神风貌的深情歌颂。

岱山县由岱山、衢山、大小长涂山、秀山、大鱼山等三百七十九个岛屿和二百五十六处海礁组成，县境广袤，岛屿众多。岱山古称蓬莱仙岛，历史悠久，风光秀美。唐代大诗人李白一生好游名山大川，也写过其经过东海蓬莱时的印象。

比起舟山其他岛屿的光鲜亮丽，岱山县的岛屿要低调许多，至今仍算小众去处。岱山的海上日出，如同大自然的温柔诗篇，以其绚烂的色彩和宁静的意境，唤醒沉睡的心灵。在这片被海风轻抚的土地上，观赏日出成了一种与自然对话的仪式。

站在岱山的海岸边，或是寻一处高地，如鹿栏晴沙、东沙古镇的码头，抑或是摩星山的山顶，都能享受到这份独特的视觉盛宴。当晨光初现，海天一色渐渐被染上橙红的霞光，太阳缓缓升起，将光芒洒向波光粼粼的海面，整个世界在这一刻仿佛被重新点亮。

鹿栏晴沙，以其宽阔的沙滩和清澈的海水，成为观赏日出的绝佳之地。在这里，你可以感受到海浪与沙滩的低语，目睹太阳从海平面缓缓升起，带来一天中最初的温暖。

东沙古镇的码头，承载着历史的沧桑，也是观赏日出的不二之选。古镇的宁静与海港的繁忙交织在一起，当第一缕阳光照在古老的建筑和宁静的海面上，时间仿佛在这一刻凝固。

摩星山，作为岱山的制高点，提供了一个俯瞰整个岛屿和海洋的视角。在这里，你可以观赏到太阳从海平面升起的全过程，感受大自然的壮丽与辽阔。

在岱山，每一次日出都是独一无二的，它不仅带来了光明，也带来了希望和新生。随着阳光的洗礼，人们的心灵得到净化，新的一天在这份宁静与美好中悄然开启。

第八章

温州，古称东瓯，是浙江省东南沿海的一颗璀璨明珠，以其秀美的山水和深厚的文化底蕴，吸引着世人的目光。这座历史名城，不仅承载着瓯越文化的精髓，更是现代商业活力的象征。

温州的历史源远流长，这里曾是众多文化巨匠的诞生地，他们的思想和作品，为温州的文化长廊增添了无数耀眼的光芒。从古代的文人墨客到现代的艺术家，温州的文化底蕴深厚而独特，无论是传统的瓯剧、鼓词，还是精美的瓯绣、木雕，都是这座城市文化传承的生动体现。

穿行于温州的大街小巷，仿佛能听到岁月的脚步声。江心屿的古塔静静矗立，诉说着往昔的辉煌；五马街的热闹非凡，展现着今日的繁荣。每块石板，每座老宅，都记载着温州的故事，使人在现代与古典之间，感受到时间的深度和城市的活力。

温州的自然景观，更是美得令人心醉。雁荡山的奇峰异石，如同大自然的雕塑，形态各异，气象万千。楠溪江的水，清澈见底，两岸的绿树倒映其中，如同一幅流动的山水画。而南麂列岛的碧海金沙，更是让人仿佛置身于人间仙境，流连忘返。

作为中国民营经济的重要发源地，温州以其创新精神和开拓意识，书写了经济发展的辉煌篇章。市场繁荣，商贸兴旺，这里的每处商业活动，都彰显着温州人的智慧和勤劳。

随着时代的进步，温州正展现出更加多元和包容的面貌。现代化的高楼大厦与传统的街巷交织，高新技术产业与传统手工艺共存，这座城市在新旧交融中焕发出勃勃生机。

温州，一座在波光粼粼的东海之滨绽放光彩的城市，以其得天独厚的地理位置和丰富的历史文化，成为浙江省东南沿海的一颗耀眼明珠。这里，山与海的交响，古与今的对话，编织成一幅幅动人心魄的画卷。

○○○
谢公岩与哪些历史事件或人物有关?

送韩存思诚出守永嘉并寄同年周恭叔

宋·赵鼎臣

雁荡山前万壑趋，故人新剖左鱼符。
眼中风物皆诗句，到处溪山是画图。
柑子剩量金尺寸，荔支远致玉肌肤。
谢公岩畔因行乐，借问周郎好在无?

　　赵鼎臣的《送韩存思诚出守永嘉并寄同年周恭叔》这首诗，以其优美的文笔和深厚的情感，表达了对友人韩存思诚的深厚情谊，以及对同年周恭叔的怀念之情。

　　"雁荡山前万壑趋"，诗的开篇即以雁荡山的壮丽景色为背景，万壑奔腾，气势磅礴，展现了雁荡山的雄伟与秀美。雁荡山，位于浙江省温州市，是中国著名的风景名胜区，以其独特的地貌和丰富的自然景观而闻名。"故人新剖左鱼符"，这里的"故人"指的是诗人的好友韩存思诚，"左鱼符"是古代官员身份的象征。诗人在这里表达了对韩存思诚新任永嘉太守的祝贺，同时也透露出对友人离别的不舍。"眼中风物皆诗句，到处溪山是画图"，诗人以自己的审美眼光，将所见的自然风光都视为美妙的诗句，所到之处的山水都视同精心绘制的图画。这两句诗表现了诗人对自然美景的热爱和对诗意生活的向往。"柑子剩量金尺寸，荔支远致玉肌肤"，这里的"柑子"和"荔支"（即荔枝）都是当时珍贵的水果，象征着友人之间的深厚情谊。诗人在这里用柑和荔枝的珍贵来比喻友情的珍贵，表达了对友人的怀念和祝福。"谢公岩畔因行乐，借问周郎好在无"，诗的最后，诗人提到了谢公岩，这是永嘉的一处名胜，也是周恭叔的所在地。诗人在这里表达了对周恭叔的问候，同时也流露出对友人相聚时光的怀念。

　　整首诗通过对雁荡山、永嘉等地自然景观的描绘，以及对友人的怀念和祝福，展现了诗人深厚的友情和对美好生活的向往。这首诗不仅是对友人离别的赠别之作，也是对自然美景的赞美之歌。通过这首诗，我们可以感受到宋代文人的情怀和对友情、自然之美的珍视。

> 谢公岩，又名谢岩、谢客岩，一岩三名，都来自谢灵运。谢灵运出生于公侯家庭，父母担心他难以长大，于是将其送往别人家寄养，故小名"谢客"或昵称"客儿"。而谢公岩这个名字在温州的文化史上占据着举足轻重的地位，不仅是对南北朝时期杰出文学家谢灵运的纪念，更是一处历代文人雅士竞相造访的圣地。谢灵运，字康乐，以其清新脱俗的山水诗闻名于世，被誉为"山水诗的开山鼻祖"。在温州任职期间，谢灵运的足迹遍布山水之间，留下了许多传世佳作，深刻影响了后世文人。

谢公岩位于风景秀丽的积谷山，这里曾是文人墨客的聚集地，见证了无数文化交流与创作活动。岩上的摩崖题刻，如同历史的印记，记录了历代文人对这片山水的赞美与感悟。这些题刻中，有北宋谢泌的诗作，他是谢灵运的远孙，其作品充满了对先祖的敬仰；有永嘉主簿曹观的诗刻以及其他文人如刘述、边调、吴君平、郑赓等人的题名，这些题刻不仅是书法艺术的瑰宝，也是对谢公岩深厚历史文化的见证。

谢公岩及其所在的积谷山曾被誉为"山之胜甲一郡"，是温州文化传承与发展的见证。这里不仅有谢公岩，还有飞霞洞、庆福寺等文化遗迹。庆福寺，曾是民国时期著名高僧弘一大师（李叔同）的驻锡之地，为这里增添了一份禅意与宁静。

从谢灵运的山水诗，到历代文人的题刻，再到弘一大师的禅修，这些文化遗产构成了温州独特的文化景观。它们不仅丰富了温州的文化底蕴，也成了连接过去与现在的桥梁，让我们得以窥见历史的文化风貌，感受古人的精神世界。谢公岩及其摩崖题刻，是温州乃至中国的宝贵文化遗产，值得我们倍加珍惜和传承。

○○○

初冬是游览雁荡山的好时节，这个季节的灵峰和石室有哪些特别之处？

度雁山

宋·王十朋

雁山五经眼，兹行尤可观。初冬天气佳，雁归山未寒。
有日照幽谷，无云翳层峦。入境见祥云，振衣登马鞍。
瀑水飞玉龙，羽旗导翔鸾。石柱屹天外，卓笔书云端。
灵峰观石室，杖屦穿巉屼。山禽知我来，好音若相欢。
群峰列春笋，丹青状尤难。行色愧匆匆，更约他时看。

王十朋的《度雁山》是一首描绘雁荡山壮丽景色的诗篇。雁荡山，位于浙江省温州市，以其秀美的山水和奇特的峰岩闻名。王十朋，南宋时期著名的政治家、文学家，他的这首诗作于一次途经雁荡山的旅途中，表达了对雁荡山美景的赞美和对自然之美的向往。

"雁山五经眼，兹行尤可观"，诗人开篇即表明自己多次游览雁荡山，而这次的行程尤为值得观赏。"初冬天气佳，雁归山未寒"，初冬时节，天气晴朗，归雁回翔，山间尚未寒冷，给人以宁静舒适的感觉。"有日照幽谷，无云翳层峦"，阳光照耀着幽深的山谷，层峦叠嶂之上没有一丝云彩遮挡，展现出一幅清晰明亮的山水画卷。"入境见祥云，振衣登马鞍"，诗人进入雁荡山境内，看到吉祥的云彩，精神为之一振，随即整理衣装，准备登高望远。"瀑水飞玉龙，羽旗导翔鸾"，瀑布飞泻而下，如同玉龙般奔腾，山间飘扬的彩旗如同引导着飞翔的鸾鸟。"石柱屹天外，卓笔书云端"，高耸的石柱直插云霄，如同一支巨笔在云端书写，形象生动。"灵峰观石室，杖屦穿巉屼"，诗人在灵峰之上观赏石室，手持杖藜，脚踏崎岖，穿行于山间。"山禽知我来，好音若相欢"，山中的鸟儿似乎知道诗人的到来，发出悦耳的鸣声，似乎在欢迎诗人。"群峰列春笋，丹青状尤难"，群峰如同春天的竹笋般排列，这种自然之美即使是丹青妙笔也难以描绘。"行色愧匆他时看"，诗人因行程匆忙而感到遗憾，希望有机会再次细细游览。

这首诗通过对雁荡山的描绘，展现了诗人对自然美景的热爱和赞美。王十朋以其细腻的笔触和深刻的感悟，将雁荡山的壮丽景色呈现在读者面前，同时也表达了对自然之美的无限向往和追求。通过这首诗，我们可以感受到诗人的情感与哲思，以及他对理想与现实之间矛盾的深刻体悟。

雁荡山的灵峰，作为"雁荡三绝"之一，自古以来便以其悬崖叠嶂、奇峰怪石、古洞石室和碧潭清润而著称。初冬时节，当阳光穿透稀薄的云层，灵峰的山体便被染上了一层柔和的金色，岩石的轮廓在光影的交错中显得更加鲜明，仿佛大自然的笔触在此刻被赋予了生命。初冬的雁荡山，树叶开始逐渐变色，从绿转黄，再至深红，为山峦披上了一层斑斓的外衣，增添了季节的色彩。

灵峰的石室，藏匿于山腹之中，是古代隐士修行之地，亦是文人墨客探幽访胜的所在。这些石室，或深或浅，或明或暗，形态各异，有的仅容一人，有的则宽敞到足以容纳数十人。石室内，岁月的痕迹被镌刻在岩壁上，仿佛在诉说着一个个古老的故事。

在灵峰，有一处名为"观音洞"的石室，高悬于合掌峰之间，是雁荡山第一大洞。据传，洞内曾有观音显圣，故而得名。洞中依岩构筑的层楼阁，古色古香，为雁荡道观所在地，至今香火不断，是信徒朝圣的重要场所。

而灵峰的"果盒三景"——果盒岩、凝碧潭和果盒桥，更是引人入胜。果盒岩形状扁圆平整，中间有一条环痕，宛如果盒；凝碧潭碧绿晶莹，清澈见底；果盒桥横跨潭上，古色古香，是人们休憩赏景的好地方。

在灵峰的东、西瑶台上，人们可以俯瞰整个灵峰景区的奇峰异石。这里不仅是赏景的好地方，也是众多国产古装剧的取景地，如《琅琊榜》《神雕侠侣》等，都曾在此留下足迹。

灵峰的夜景更是一绝。每当夜幕降临，月光洒在奇峰怪石之上，山影婆娑，如梦如幻。导游会用手中的激光笔，勾勒出山峰的剪影，讲述着一个个惟妙惟肖的形象，如"夫妻峰""雄鹰敛翅"等，让人仿佛置身于一个充满神秘与传说的世界。

石室和灵峰的这些历史遗迹，不仅是自然景观的一部分，更是雁荡山深厚历史文化的见证。它们见证了历代文人墨客的游历，承载了无数修行者的祈愿，也记录了雁荡山地区宗教与民俗的发展。在这里，每一步都是对历史的探寻，每一眼都是对文化的领悟。

○○○
大龙湫瀑布为何天下独一无二？

大龙湫

宋·楼钥

北上太行东禹穴，雁荡山中最奇绝。
龙湫一派天下无，万众赞扬同一舌。
行行路入两山间，踏碎苔痕屐将折。
山穷路断脚力尽，始见银河落双阙。

　　楼钥的《大龙湫》是一首赞美雁荡山大龙湫瀑布壮丽景观的诗篇。楼钥，字大防，南宋著名政治家、文学家，其诗作多以清新自然、意境深远著称。这首诗通过生动的描绘和深刻的感受，展现了大龙湫瀑布的雄伟与奇特。

　　"北上太行东禹穴，雁荡山中最奇绝"，开篇即以宏大的地理背景，点明了雁荡山的地理位置和其在众多山水中的卓越地位。太行山和禹穴都是中国北方的名山大川，而雁荡山则以其独特的自然景观，在诗人心中占据了绝佳地位。"龙湫一派天下无，万众赞扬同一舌"，这里的"龙湫"即指大龙湫瀑布，"一派"形容瀑布的水流浩大，气势磅礴，"天下无"则强调了其独一无二的地位。"万众赞扬同一舌"，意味着所有见过大龙湫的人，都会异口同声地称赞它的壮丽。"行行路入两山间，踏碎苔痕屐将折"，诗人以自己的行动为线索，描述了通往大龙湫的山路。"行行路入两山间"，表现了山路的曲折和隐蔽，"踏碎苔痕屐将折"，则描绘了山路的古老和崎岖，以及诗人不畏艰难、坚定前行的决心。"山穷路断脚力尽，始见银河落双阙"，最后这两句，诗人以"山穷水尽"形容自己体力的极限，"脚力尽"则形象地表现了攀登的艰辛。然而，所有的努力终于得到回报，"始见银河落双阙"，大龙湫瀑布如同天上的银河倾泻而下，壮观的景象让一切辛劳都变得值得。

　　这首诗的背景，是楼钥在游历雁荡山时，被大龙湫瀑布的壮丽景色所震撼，有感而发。通过对大龙湫瀑布的描绘，诗人不仅表达了对自然景观的赞美，也反映了自己坚韧不拔、勇往直前的精神风貌。整首诗语言生动，意境深远，给人以强烈的视觉冲击和心灵震撼，是一首成功的山水诗作。

> 大龙湫瀑布，中国瀑布的瑰宝，藏身于雁荡山的怀抱之中，以其雄浑壮观的气势，被誉为"天下第一瀑"。瀑布从一百九十七米的高处飞泻而下，如同一条银龙腾空而起，直冲云霄，又似银河倾泻，溅起层层水雾，在阳光下折射出绚丽的光彩。

在古代文人墨客的笔下，大龙湫瀑布更是被赋予了无尽的诗意与想象。清代诗人袁枚在《大龙湫之瀑》中写道："龙湫山高势绝天，一线瀑走兜罗绵。五丈以上尚是水，十丈以下全为烟。"这生动的描绘，不仅展现了大龙湫瀑布的宏伟，更描绘了其变幻莫测的奇景。诗中的"五丈以上尚是水，十丈以下全为烟"，形象地表现了瀑布水流在不同高度的形态变化，上半段水流清晰可见，下半段则如烟如雾，朦胧缥缈。

大龙湫瀑布的壮观，不仅在于其高度和水量，更在于其独特的自然景观。瀑布周围，奇峰环抱，古木参天，苍翠欲滴。每当雨季来临，水量充沛，瀑布如千军万马奔腾而下，声势浩大，震撼人心。而在干旱季节，瀑布则如细丝轻垂，温柔而宁静，展现出一种别样的柔美。

历代诗人对大龙湫瀑布的赞美，不仅是对其自然美的颂扬，也是对其精神内涵的领悟。在他们的诗词中，大龙湫瀑布不仅是一处自然景观，更是一种精神象征，象征着不屈不挠、勇往直前的精神。

如今，大龙湫瀑布依然以其独特的魅力吸引着来自世界各地的游客。无论是站在瀑布脚下，感受那扑面而来的水雾，还是远眺瀑布，欣赏那如诗如画的美景，都能让人感受到大自然的神奇与伟大。

○ ○ ○

辛弃疾《破阵子》里"醉里挑灯看剑"与永嘉诸友相谈甚欢的是同一对象吗？

南乡子·谢永嘉诸友相饯

宋·陈亮

人物满东瓯。别我江心识俊游。

北尽平芜南似画，中流。谁系龙骧万斛舟？

去去几时休。犹自潮来更上头。

醉墨淋漓人感旧，离愁。一夜西风似夏不？

陈亮，字同甫，南宋著名思想家、文学家，以其豪放的词风和深刻的思想闻名于世。《南乡子·谢永嘉诸友相饯》这首词，便是在一次饯行宴上，陈亮与叶适、陈傅良等英雄豪杰在江心屿的欢聚中所作，词中洋溢着英雄惜英雄的豪情与不舍。

"人物满东瓯"，词的开篇便以东瓯之地的人才济济为背景，展现了当时温州地区的人文荟萃。在这样的文化氛围中，陈亮与诸友的相聚更显得意义非凡。"别我江心识俊游"，江心屿，这个瓯江中的小岛，成了陈亮与友人相别的地点。在这里，他们曾一同游历，一同畅谈，结下了深厚的友谊。"北尽平芜南似画，中流。谁系龙骧万斛舟"，向北望去，是广袤的平原，向南看去，是如画的山水。在瓯江的中流，诗人以"龙骧万斛舟"比喻友人即将远行的船只，表达了对友人前程的祝愿和对其离去的不舍。"去去几时休"，诗人感叹友人的离去，不知何时才能再次相聚。"犹自潮来更上头"，瓯江的潮水依旧涨落，仿佛在诉说着离别的无常和岁月的更迭。"醉墨淋漓人感旧"，宴席上，陈亮与诸友畅饮墨酒，醉后挥毫泼墨，留下了淋漓的墨迹，也留下了难忘的回忆。这一幕，成了诗人心中永恒的记忆。"离愁。一夜西风似夏不"，最后，诗人以西风的萧瑟，比喻离别的心情。"似夏不"，夏天的热烈与西风的凄凉形成鲜明对比，更加深了离愁的情感。

这首词，不仅表达了陈亮与友人离别时的豪情与不舍，也反映了当时文人的交往与文化氛围。在江心屿的宴席上，他们以诗酒相送，以笔墨寄情，展现了一种英雄相惜的深厚情谊。

《破阵子·为陈同甫赋壮词以寄之》是宋代词人辛弃疾的词作。这里标题里的陈同甫就是《南乡子·谢永嘉诸友相饯》的作者陈亮。陈亮于淳熙年间（1174—1189 年）曾多次来温州经商，并与永嘉学派诸子切磋学问。

书院，自唐宋时期至明清，是一种独特的教育机构，它由私人或官方建立，主要作为聚集学生讲授和学术研究的场所。永嘉书院的起源可追溯至北宋末期，最初是楠溪江中游地区的一所民间学校，后来在南宋淳祐十二年（1252 年）迁移至温州市中心的书堂巷，由王致远筹建。在宋代，温州私人办学之风盛行，书院教育的兴起主要是为了传授知识和培养品德，而非单纯为了科举考试，因此它具有鲜明的地域文化特色。

王开祖、丁昌期和林石等知识分子在本地传授学问、培养后学。南宋时期，书院遍布，仅永嘉城区便有东山书院、永嘉书院和城南书院等多所。宋代温州的这些书院，多数选址于风景秀丽、环境幽静之地，为学子提供了一个潜心学习、修身养性的理想场所。其中，永嘉书院始于北宋晚期，其旧址有据可考，与南宋时期名人王致远有关。

史料记载，王致远出生于永嘉黄田的千石村，是南宋时期抗击金兵的勇士王允初的后代。他担任官职时以清廉和正直著称，深得民心，尤其在灾难频发的年份担任慈溪知县期间，他广泛设立救济点，为无数灾民提供食物；在湖北任职时，他取消了不合理的税收，赢得了民众的广泛赞誉。晚年，王致远辞去官职，回到故乡（现温州鹿城区），在书堂巷购置土地建造房屋，并创立了永嘉书院，致力于培育英才。

永嘉书院在永嘉的具体创立时间已不可考，然而自宋代起，永嘉学派便声名远扬。像陈傅良、叶适这样的学者不仅在此学习，还在此讲学，成为永嘉学派的领军人物。温州地区的众多书院，以永嘉书院为代表，孕育了这一学派。永嘉学派的精髓在于倡导实用主义和道德与利益的结合，重视实际能力和知识。因其强调实践和反对纯理论的讨论，永嘉学派在南宋时期的哲学界具有显著的影响力，与朱熹的理学和陆九渊的心学并列为当时的主要思想流派。

〇〇〇

"云朝朝朝朝朝朝朝散，潮长长长长长长长消"，你会读吗？

永嘉上浦馆逢张八子容

唐·孟浩然

逆旅相逢处，江村日暮时。
众山遥对酒，孤屿共题诗。
廨宇邻蛟室，人烟接岛夷。
乡园万余里，失路一相悲。

　　唐开元十三年（725年），正值壮年的孟浩然，这位唐代著名的山水田园诗人，踏上了前往乐成的旅程，去拜访他的同窗好友张子容。在这次行程中，孟浩然并未错过游历江心孤屿的良机，而正是在这片风景秀丽的地方，他灵感迸发，创作了一首深受温州人民喜爱的诗篇——《永嘉上浦馆逢张八子容》。

　　"逆旅相逢处，江村日暮时"，孟浩然以逆旅之人的身份，在这江边的村庄，与老友重逢，正值日落时分，天色渐暗，为这次相遇增添了几分温馨与感伤。"众山遥对酒，孤屿共题诗"，他们把酒言欢，远眺群山，仿佛与山对饮；在孤屿上共同题诗，分享彼此的文学才情。这两句诗不仅描绘了一幅美丽的自然图景，更表达了两位文人墨客心灵的交流与碰撞。"廨宇邻蛟室，人烟接岛夷"，官署与传说中的水府相邻，人间烟火与岛上的荒凉相接，孟浩然在这里表达了一种超脱尘世，向往自然宁静生活的情怀。"乡园万余里，失路一相悲"，诗人感叹故乡遥远，而自己与友人在这人生旅途中迷失了方向，共同体验着失意与悲伤。这不仅是孟浩然对故乡的思念，也是对人生道路的感慨。

　　这首诗，是孟浩然与好友张子容的重逢之际所作，它不仅记录了两位文人的深厚友谊，也反映了孟浩然对自然美景的热爱和对人生境遇的深刻感悟。诗中流露出的情感真挚而深沉，给人以强烈的共鸣，成为传诵不衰的经典之作。

在瓯江的柔波中，江心屿宛如一颗遗世独立的宝石，镶嵌在浙江省温州市的北面。这片一千零七十亩的景区，以其国家 4A 级旅游景区的荣誉，诉说着中国四大名胜孤屿的传奇。江心屿不仅以其旖旎的自然风光令人心驰神往，更因其深厚的文化底蕴而成为文人墨客竞相吟咏的圣地。

自南北朝起，江心屿已在历史的长河中流淌了一千五百七十多年。历代文人如谢灵运、孟浩然、陆游、文天祥等，都曾在此留下他们的足迹与诗篇，近八百篇赞美之词，让江心屿成了"中国诗之岛"。

在码头坐上轮渡，顷刻间就到了江对面，登岛后，扑面而来的就是满满的绿色。岛上的江心十景，如春城烟雨、海淀朝霞、瓯江月色，每一处都是自然与诗意的完美结合。古建筑群，包括江心寺、东西双塔、宋文信国公祠，不仅见证了历史的变迁，也是人们体验传统文化的绝佳场所。

江心寺内的对联，尤其是山门上相传由南宋状元王十朋所撰的叠字联："云朝朝朝朝朝朝朝散，潮长长长长长长长消"，以其巧妙的构思和深邃的意境，成为江心屿文化的象征，引人深思。

东塔和西塔，这两座岛上的标志性建筑，隔江对峙，见证了从唐咸通十年（869 年）到北宋开宝二年（969 年）的历史。它们不仅在艺术上具有极高的价值，更在 1997 年被国际航标组织列为世界百座历史文物灯塔之一，成为"世界古航标"。

江心屿，这片古老而又年轻的土地，如今依然以其得天独厚的自然风光和丰富的人文景观，吸引着来自世界各地的游客。在这里，无论是漫步在古色古香的亭台楼阁之间，还是静享瓯江上的波光粼粼，都能让人感到一份宁静与美好。

○○○
为什么瑞安江水如此澄澈?

泛瑞安江风涛贴然

宋·陆游

俯仰两青空,舟行明镜中。
蓬莱定不远,正要一帆风。

陆游,南宋时期杰出的文学家,其诗作多以豪放、悲壮著称。《泛瑞安江风涛贴然》这首诗,是陆游在泛舟瑞安江时所作。瑞安江即今温州市瑞安市境内的一段河流,诗人以其亲身体验,描绘了江上行舟的宁静美景。

诗人开篇即以极目所见,天空与江水相映成趣,上下皆是一色的晴空,给人以无限的遐想。"舟行明镜中",将江面比作明镜,舟行其上,平静而清晰地倒映出天空的景象,这样的比喻既生动又形象,让人仿佛置身于诗人的舟中,感受到那份宁静与和谐。蓬莱,古代传说中的海上仙山,常被用来比喻仙境或理想中的美好地方。诗人在这里表达了对美好事物的向往和信心,认为蓬莱仙境定在不远处。

这首诗的背景,可以推测是陆游在经历了人生的起伏后,对理想与未来的向往。在泛舟江上,面对自然的宁静与美好,诗人的内心也得到了短暂的宁静和慰藉。通过这首诗,陆游表达了对理想生活的渴望以及对人生旅途中顺境的期盼。

整首诗语言简洁而意境深远,通过对江上行舟的描绘,反映了诗人内心的平和与对未来的美好憧憬。陆游以其独特的文笔,将一次简单的江上行舟之旅,转化为了对人生理想和心灵归宿的深刻思考。

"蓬莱定不远,正要一帆风。"约一千年前,陆游乘舟穿越飞云江,江水平静如镜,让他不禁联想到蓬莱仙境近在咫尺,激发了他即兴作诗的灵感。

这条充满"仙韵"的江流,背后又隐藏着何种传奇?飞云江的源头隐匿于浙南最高峰——白云尖的深山之中。由于地势险峻、群峰连绵,这片区域长久以来鲜有人迹，直到二十世纪八十年代末期才被世人所知。

瑞安江，亦称飞云江，是浙江省境内的一条生命之河，它如同一条碧绿的绸带，从浙闽交界的洞宫山发源，蜿蜒流经文成、泰顺等地，最终在瑞安市汇入东海的怀抱。

飞云江的主流全长约一百九十三千米，位列浙江省第四长河，它蜿蜒流经景宁、泰顺、文成、瑞安等地，最终从瑞安港汇入东海。罗阳江、安阳江、安固江、瑞安江等，均为飞云江的旧称，这些名字随着流经地区的县名而变化，既吉祥又便于记忆。

当今飞云江的名称，源自其上一座历史悠久的古渡口——飞云渡。"船帆南北分，潮声古今传。"飞云渡昔日是浙江与福建商旅的必经之路，随着时间的积累，其名声愈发显赫。到了宋代末期，江水便以渡口之名来命名。

史书记载："飞云江发源于泰顺与景宁交界的白云尖西北麓，位于景宁县境内。"飞云江及其源头白云尖，似乎都与"云"字有着不解之缘。

由于飞云江上游地区海拔较高，常常云雾绕山、雾气朦胧，云海变幻无常，初看是山间溪流，转眼间就仿佛变成了云端的仙境。飞云江上游地形险峻、水流迅猛、野性十足，两岸竹林茂密，当地居民常以竹筏作为交通工具，沿江顺流而下。

在历史的长河中，飞云江沿岸发展出了八十多处渡口，其中最著名的便是飞云渡，历史上的文人墨客如谢灵运、陆游等都曾在此留下足迹。

明嘉靖元年（1522年），飞云渡由民间渡口升格为官方渡口，随之扩大了规模，吸引了更多的商贸活动。这里聚集了米市、布市、金融铺、各类商品行、餐馆和旅馆，为来自四面八方的商人提供服务。到了二十世纪八十年代，飞云渡再次迎来了繁荣，成了瑞安港区最主要的客运码头。这些星罗棋布的渡口，共同编织了飞云江上一部波澜壮阔的交通史诗。

古代，人们利用船只的便利，在飞云江两岸沿水建立市场，尤其是渡口码头周边的市集最为兴旺。随着江水的流动，商贸活动促进了一种为过往商旅转运货物的行业——过塘行，用现代的术语来说，就是物流中心。

元至治三年（1323年），画家王振鹏完成了《江山胜览图》，这幅画详细描绘了700年前瑞安市民日常生活的各个方面，包括娱乐、交易、婚礼、渔业和农业等场景，这幅作品堪称瑞安古城建筑的经典之作。

　　飞云江两岸，人文荟萃，历史悠长。瑞安市，作为飞云江流域的一颗璀璨明珠，不仅在经济发展上取得了令人瞩目的成就，更在文化传承和生态保护方面发挥了重要作用。

○○○

百丈漈到底有多高？

观瀑

明·刘基

悬崖峭壁使人惊，百斛长空抛水晶。
六月不辞飞霜雪，三冬更有怒雷鸣。

刘基，字伯温，明代著名的政治家、文学家，同时也是一位卓越的军事谋士。刘基的《观瀑》是一首赞美温州文成百丈漈大瀑布的壮丽诗篇。百丈漈，以其宏伟的气势和独特的自然景观，被誉为"中华第一高瀑"，是刘基故乡的一处自然奇观。

"悬崖峭壁使人惊"，诗人开篇便以悬崖峭壁的险峻景象震撼读者的心灵。这悬崖峭壁，正是百丈漈瀑布的背景，其高耸入云的山势，给人以强烈的视觉冲击。"百斛长空抛水晶"，接着诗人用"百斛"来形容瀑布水流之大，如同从高空中抛洒而下的水晶，晶莹剔透。这里的"百斛"既描绘了瀑布的规模，也表现了水流从高处飞泻而下的壮观景象。"六月不辞飞霜雪"，诗人在这里描绘了夏日里的百丈漈瀑布，即便是在炎热的六月，瀑布飞泻而下，带来的清凉如同霜雪一般，给人以凉爽之感。这不仅反映了瀑布的清凉特性，也表达了诗人对夏日瀑布的喜爱。"三冬更有怒雷鸣"，到了冬天，百丈漈瀑布的气势更加磅礴。诗人用"怒雷鸣"来形容瀑布的声响，如同雷霆般震耳欲聋，展现了瀑布的雄浑与力量。

这首诗通过对百丈漈瀑布的描绘，展现了诗人对自然景观的热爱和敬畏之情。刘基以其独特的文笔，将我们带入了一个既真实又富有诗意的自然世界。在这里，我们不仅能够感受到瀑布的壮观，更能体会到诗人的情感与哲思。这是一次心灵的旅行，也是一次对生命和自然的深刻探索。通过这首诗，刘基成功地将百丈漈瀑布的自然美与人文情操融为一体，使其成为一首流传千古的佳作。

温州百丈漈，一处隐藏于浙江省温州市文成县的自然奇观，以其壮丽的瀑布群和幽深的峡谷闻名遐迩。百丈漈，这个名字在当地方言中意为"百丈高的瀑布"，其瀑布群的总落差高达三百五十三米，形成了一漈、二漈、三漈三个各具特色的瀑布。

百丈一漈，作为瀑布群中最为壮观的个体，以其两百零七米的高度，被誉为"中华第一高瀑"。站在瀑布之下，仰望那从天而降的水流，如同一条白色的巨龙从悬崖上腾空而下，激起层层水雾，阳光下，彩虹时隐时现，美不胜收。

二漈，以其六十八米的高度和五十多米的宽度，展现了另一种雄伟。这里的瀑布分为上下两层，上层高二十五米，下层高四十三米，形成了一个独特的水帘洞景观。游客可以穿行于瀑布之后，感受那份独特的清凉与神秘。

三漈，以其宽阔的八十多米宽度，呈现出瀑布的另一种美。虽然高度只有十二米，但那宽阔的水幕如同一幅巨大的白纱，轻柔地覆盖在岩石之上，给人以宁静与祥和。

如今，百丈漈已成为一个集观光、探险、休闲于一体的旅游胜地。人们不仅可以在这里欣赏到瀑布的壮观，更可以体验到与自然和谐共处的宁静与美好。百丈漈，这个名字，已成为温州乃至浙江省一张亮丽的名片，吸引着来自世界各地的游客前来探秘。

○○○
洞头为何被称为"海外桃源"?

三盘山

清·王步霄

苍江几度变桑田，海外桃源别有天。

云满碧山花满谷，此间小住亦神仙。

清雍正六年（1728年），玉环厅的增设标志着洞头本岛及其附属岛屿成为二十都的一部分，这一历史背景为王步霄的《三盘山》提供了独特的社会环境。王步霄，玉环瑶岙人，不仅是清咸丰五年的恩贡，更是一位才华横溢的诗人和精通医学的岐黄家。尽管《玉环厅志》中并未详细记载其官职，但他的文学与医学成就，足以让他在地方上享有盛誉。

王步霄的《三盘山》不仅是对自然美景的赞美，更是他个人生活哲学的体现。"苍江几度变桑田"，诗人以江水的变迁来比喻世事的无常，表达了对历史长河中人与自然变迁的深刻感悟。"海外桃源别有天"，在这里，三盘山被描绘成一处隐秘的世外桃源，远离尘世的纷扰，拥有自己独特的天空和秩序。"云满碧山花满谷"，王步霄用细腻的笔触描绘了三盘山的自然风光，云雾缭绕的山峦和满谷的繁花，构成了一幅生机勃勃的自然画卷。这不仅是他对洞头自然景观的实地感受，也展现了他深厚的文学功底和对美的独特追求。"此间小住亦神仙"，在诗的结尾，王步霄表达了自己对这片土地深深的热爱和向往。在他看来，如果能在这样美丽的地方居住，即使不是真正的神仙，也能享受到神仙般的生活乐趣。这不仅是对三盘山美景的赞美，也是对一种理想生活的向往和追求。

王步霄的这首诗，以其优美的文笔和深刻的内涵，展现了他对家乡自然景观的热爱和对生活哲学的思考。他的诗作不仅是对三盘山美景的描绘，更是对超脱尘世、追求心灵宁静的生活态度的表达。通过这首诗，我们可以感受到王步霄的情感与哲思，以及他对理想与现实之间矛盾的深刻体悟。

温州的洞头，自古便有"海外桃源"之美誉，其名的由来，亦颇具传奇色彩。据传，清代年间，一艘福建渔船至洞头海面捕鱼，渔夫不慎将吊桶落入海中。当渔船绕至岛东北端的一个岙口时，意外地发现吊桶在海上漂浮。渔夫猜想，海底必有一洞，吊桶被卷入此洞，而后由此岙口浮出，遂将吊桶落下之处命名为"洞头"，而吊桶浮上来的岙口则称为"洞尾"，即今之桐桥尾。

王步霄在其诗作中，将洞头比作人间仙境，一个远离尘世喧嚣的宁静之地，让人心驰神往。这里的山水之美，仿佛是大自然的精心雕琢，让人仿佛置身于一幅动人的画卷之中。

洞头的历史同样悠久，自唐以来，便有文人官员以诗记之，留下了众多佳作。南朝宋文坛领袖颜延之，也曾在此留下足迹，他在青岙山筑望海楼，以观赏海景，成为海上缥缈仙山间的一座"诗歌航标"。

随着时间的推移，洞头不仅保留了其自然美景，更发展成为一个集观光、度假、娱乐、体育、健身、会议于一体的综合性旅游胜地。三盘度假村便是其中的代表，这里依山傍海，环境幽静，提供了丰富的海滨活动和现代化的旅游设施。

如今的洞头，已经成为国家4A级旅游景区，以其独特的海岛风情和历史文化，吸引着来自世界各地的游客。在这里，人们不仅可以欣赏到碧海蓝天、金沙细浪的自然美景，更能感受到洞头深厚的文化底蕴和独特的地方风情。无论是漫步于细软的沙滩，还是徜徉于历史悠久的望海楼，洞头都能给人们带来难忘的"小住亦神仙"的体验。

"洞天福地，自此启航"，当乡愁诗人余光中先生踏上洞头这片土地，他以这样的赞美赋予了"洞头"这个名字更为深刻的意义。洞头的历史与未来，宛若诗人笔下流转的诗行，不断演变、探索、提升。在这里，每首诗都如同一个岛屿，小巧却包含着无尽的景致与深不可测的内涵。

洞头，这个名字，随着颜延之的望海亭一同启程，在岁月的长河中乘风破浪。从古至今，无数文人墨客以诗歌为媒，记录了洞头的变迁，抒发了对这片土地深深的眷恋。他们的诗篇，如同一座座灯塔，照亮了洞头的文化之旅，引领着我们穿梭在历史的航道上，感受着洞头的脉动。而洞头的诗歌之路，不仅是一条文字的轨迹，更是一条心灵的旅程。它见证了洞头从古至今的风雨兼程，也映照出洞头人民对美好生活的不懈追求。在这里，每块石头、每片浪花，似乎在诉说着一个个动人的故事，等待着我们去聆听、去发现。

○○○
楠溪江到底有多美？

入南溪

宋·潘希白

沙头落月照篷低，杜宇谁家树底啼。
舟子不知人未起，载将残梦上清溪。

潘希白的《入南溪》是一首描绘诗人在楠溪江上的清晨体验的诗。楠溪江，位于浙江省温州市永嘉县，以其清澈的水质和秀美的风光闻名，是一处远离尘嚣的自然之地。

"沙头落月照篷低"，诗的开篇以沙岸上的落月为背景，月光低低地照在船篷上，营造出一种宁静而幽深的夜晚氛围。"杜宇谁家树底啼"，杜宇，即杜鹃鸟，其哀婉的啼声在树底回荡，似乎在呼唤着未醒的梦。"舟子不知人未起"，这里的"舟子"指的是船夫，诗人表达了船夫并不知晓他尚未醒来，继续划行。"载将残梦上清溪"，诗人的梦境被清晨的舟行所打扰，但他并未表现出不悦，反而将这半梦半醒间的体验视为一种美好的享受，随着清澈的溪水一同流淌。

整首诗通过对清晨楠溪江的细腻描写，传达了诗人对自然美景的热爱和对宁静生活的向往。潘希白以其独特的文笔，将读者带入了一个既真实又富有诗意的清晨江景之中，让我们在欣赏自然之美的同时，也感受到了诗人的情感与哲思。这是一次心灵的旅行，也是一次对生命和自然的深刻探索。

楠溪江，一条蜿蜒于浙江省温州市永嘉县的清流，以其旖旎的自然风光和深厚的文化底蕴，被誉为"中国山水画摇篮"。这里，山环水绕，风光旖旎，是国家级风景名胜区中的一颗璀璨明珠。

楠溪江之美，首在其水。江水清澈见底，碧波荡漾，如同一条玉带穿越群山之间。沿江而行，可见水秀山明，滩林茂密，倒影成趣，构成了一幅幅动人的山水画卷。春天，江畔花开，绿意盎然；秋天，层林尽染，色彩斑斓。四季更迭，江水始终以其清澈和宁静，诉说着不变的诗篇。

楠溪江之美，还在于其山。两岸山峰耸立，形态各异，有的如刀削斧劈，有的如屏风展开。山间云雾缭绕，更添几分神秘色彩。石桅岩以其孤峰拔地而起，形似船桅，被誉为"浙南天柱"，成为楠溪江的标志性景观。十二峰则以其峰峦叠嶂，形象逼真，令人叹为观止。

楠溪江之美，更在于其古。这里保存着众多古村落，如芙蓉古村、苍坡古村等，它们以其古朴的风貌和悠久的历史，吸引着无数游客。古村落中的宗祠、书院、古戏台等建筑，不仅展示了古代耕读文化、宗族文化的发展，也成了研究江南建筑艺术的宝贵资料。

楠溪江之美，还体现在其文化。这里是永嘉学派、永嘉画派的发源地，历代文人墨客在这里留下了众多赞美楠溪江的诗篇。谢灵运、李白等文学巨匠都曾游历于此，留下了千古流传的佳作。楠溪江的山水，激发了文人的创作灵感，也丰富了中国的山水文化。

楠溪江之美，更在于其活动。乘坐竹筏漂流，是体验楠溪江的绝佳方式。在竹筏上，随波逐流，欣赏两岸美景，感受江水的清凉，让人心旷神怡。此外，还可以在古村落中品尝地道的农家菜，体验当地的风土人情。

楠溪江之美，更在于其四季。春天，江畔花开，绿意盎然；夏天，江水清澈，是避暑的好去处；秋天，层林尽染，色彩斑斓；冬天，江水宁静，山色空蒙。四季更迭，楠溪江呈现出不同的风姿，让人流连忘返。

楠溪江以其独特的自然风光和丰富的人文景观，成了一个集山水之美、古韵之美、文化之美、活动之美、四季之美于一体的旅游胜地。在这里，每次呼吸都能感受到大自然的清新，每次眺望都能感受到山水的壮阔。

第九章

丽水历史悠久，古时被称为"处州"，是好川文化的发源地，也是传说中黄帝升天的地方，因此丽水有着深厚的文化沉淀。被称作"丽水三宝"之一的龙泉宝剑，有长达两千六百年的锻造历史；而中国制瓷史上规模和影响最大的龙泉青瓷，更代表了我国瓷器烧制技术的最高水平；此外，"三宝"中的青田石也是中国"四大国石"之一，用它制作的青田石雕也有一千七百多年历史，与东阳木雕、乐清黄杨木雕并称为"浙江三雕"。

丽水环境有"三好"，一是"山好"，全市一千米以上的山有三千五百多座，浙江省的最高峰也在这里，森林覆盖率达到 80% 以上。二是"水好"，全市饮用水的源地水质达标率 100%，一半以上的水可以直接喝。三是"空气好"，世界卫生组织对"清新空气"的标准是每立方厘米的负氧离子一千到一千五百个，而丽水的负氧离子含量平均在每立方厘米三千个以上，达到"非常清新"的标准，所以有"华东地区最大天然氧吧"的称号。好山好水好空气，也缔造了一个个长寿的传奇，2013 年丽水被授予"中国长寿之乡"的称号，这也是全国首个获此殊荣的城市。

此外，丽水风景秀美，还是中国廊桥之乡，摄影之乡，被誉为"浙江最美的地方"。所以，丽水不光是生态之城、养生之城、文化之城，也是旅游之城。

○○○
石门洞有哪些传说故事？

石门洞

宋·楼钥

扁舟百里莲城回，青山中断立两崖。
清都虎豹隐不见，但见阊阖排云开。
峰回失喜大飞瀑，声震万壑惊春雷。
掀髯目极九霄外，玉虹千丈飞空来。
一冬青女靳天雪，不知聚此山之隈。
传闻神龙卧其上，宝藏击碎真琼瑰。
心中元自无尘埃，到此更觉心崔巍。
天风为我嘆空翠，春水泻入骚人怀。
谪仙曾来写胜句，刘郎又为开天台。
我惭笔无挽牛力，醉墨满壁谁与裁？
或言龙湫更奇绝，雁山高处深云埋。
我方携筇往寻访，未知比此何如哉？

　　楼钥的《石门洞》是一首描绘自然景观的诗歌，通过对石门洞的描写，表达了诗人对自然美景的赞美，抒发了内心情感。

　　诗中开篇"扁舟百里莲城回，青山中断立两崖"描述了诗人乘舟而行，远眺青山被劈为两半的壮观景象。接着"清都虎豹隐不见，但见阊阖排云开"以神话般的笔触描绘了一幅宏伟的画面，让人联想到天上的门户缓缓打开，气势磅礴。诗中"峰回失喜大飞瀑，声震万壑惊春雷"通过对飞瀑的描写，展现了大自然的生机与活力。而"掀髯目极九霄外，玉虹千丈飞空来"则用夸张的手法，将瀑布比作从天而降的玉虹，形象生动。诗中还提到了"一冬青女靳天雪，不知聚此山之隈"以及"传闻神龙卧其上，宝藏击碎真琼瑰"，这些神话色彩的描写增添了诗歌的神秘感，同时也反映了诗人对这片山水的敬仰之情。最后，诗人以"我方携筇往寻访，未知比此何如哉"，表达了自己对未知美景的向往和探索欲望，整首诗流露出诗人对自然之美的热爱和对神秘传说的好奇。

《游石门洞》不仅是楼钥对石门洞自然景观的描绘，更是他内心情感的抒发，通过对山水的赞美，诗人表达了自己对美好生活的向往和对自然的敬畏之情。

> 石门洞，位于青田县城西北三十千米的瓯江北岸，330国道南岸，临江旗、鼓两峰劈立，对峙如门，故称石门。整个景区由洞天飞瀑、太子胜景、仙桃、师姑湖四部分组成，集山林苍翠之优、文物荟萃之胜、飞瀑壮观之美、气候宜人之适，是一处具有清、幽、灵、古、奇、险、野、趣之特色的"洞天仙境"。石门洞成为中国道教名山的三十六洞天之第十二洞天，这里有历史悠久、高密度分布的摩崖题刻；有谢灵运、刘基、陈诚等人横过石门渡，那龙、虎两峰恰似两道石屏，"石门洞"由此而得名。

石门洞，流传着许多关于刘伯温的传说，其中最著名的故事之一便是他获得天书的经历。相传，刘伯温在石门洞读书时，遇到了一位名叫张和的砍柴人，张和曾得到白猿送的两本书，一本《缠》，一本《退》。后来，白猿又指引刘伯温得到了第三卷天书，这卷天书中记载了天文、地理、布阵等知识，为刘伯温后来辅佐朱元璋，成为明朝开国军师打下了坚实的基础。"刘基得了天书，日攻夜读。后来，终于成了明朝的开国军师，神机妙算，天下闻名。"

除了天书的传说，刘伯温在石门洞的求学经历同样令人津津乐道。刘伯温十四岁至二十二岁在石门书院苦读，这段时间不仅铸就了他深厚的学识基础，更孕育了他的韬略与智慧。

石门洞的自然景观与刘伯温的传说故事交相辉映，景区内不仅有叹为观止的飞瀑群，层层叠叠的起伏山峦，还有刘伯温读书处、藏书石、刘基祠等与他相关的人文景观。这些景观不仅承载着刘伯温的故事，也反映了人民对他的敬仰与怀念。

"刘伯温传说源远流长，在其家乡浙南青田、文成一带家喻户晓、妇孺皆知。"石门洞景区作为刘伯温传说的发源地，如今已成为一处集自然风光与人文景观于一体的旅游胜地，吸引着来自世界各地的人们，感受这里的山水之美，探寻刘伯温的传奇故事。

○○○
鼎湖峰有什么特别之处？

咏鼎湖峰
唐·白居易

黄帝旌旗去不回，片云孤石独崔嵬。
有时风激鼎湖浪，散作晴天雨点来。

《咏鼎湖峰》是唐代诗人白居易所作的一首诗，这首诗的背景是诗人游历仙都鼎湖峰时，被其壮丽的景色所打动，从而写下了这首诗。

白居易在诗中用"黄帝旌旗去不回，片云孤石独崔嵬"描绘了鼎湖峰的雄伟和历史的厚重，表达了对黄帝的敬仰之情。"有时风卷鼎湖浪，散作晴天雨点来"，则形象地写出了鼎湖峰的奇特景观，风激起湖水，化作雨点洒落，给人以奇幻的感受。这首诗不仅描绘了鼎湖峰的美景，还蕴含了诗人对历史和文化的思考，具有较高的艺术价值和文化内涵，也让更多的人了解和认识鼎湖峰这一自然奇观。

在仙都风景名胜区，鼎湖峰巍然耸立，其不仅是一处自然奇观，更是黄帝文化的重要传承地。相传，中华民族的人文始祖——轩辕黄帝，在此炼丹求仙，并最终乘龙升天，成就了一段千古流传的佳话。鼎湖峰因此成了黄帝文化的三个中心——祭祀中心、研究中心和辐射中心。

自东晋时期起，仙都黄帝祠宇便成了海内外华人和海峡两岸同胞寻根问祖的圣地。黄帝祠宇的建立，不仅是对轩辕黄帝的崇敬，更是对黄帝文化的一种传承和弘扬。每年的祭祀活动，不仅是对黄帝的纪念，更是对中华优秀传统文化的集体回顾和体验。黄帝文化在缙云的传承，最早可追溯至西汉，而鼎湖峰和黄帝祠宇是黄帝与缙云情感联系和史料考证的最重要物证。鼎湖峰的阳刚之美和象形之意，形似甲骨文和金文中的"且"字，寓意祖先之祖，体现了人们对黄帝的敬仰和追思。

黄帝在缙云的传说不仅仅是文化传承，更深深影响了当地的民间信仰和礼仪。从东晋时期开始，缙云地区的人民就已在鼎湖峰下建起了"缙云堂"，作为祭祀黄帝的场所，这一传统一直延续至今，已有一千六百多年的历史。唐天宝七年，唐玄宗李隆基敕封"缙云山"为"仙都山"，"缙云堂"为"黄帝祠宇"，使得黄帝文化在缙云得到了进一步的发展和弘扬。此外仙都景区也是浙东唐诗之路与瓯江山水诗之路的交汇地，自古以来吸引了众多文人墨客。他们游览仙都，留下了大量赞美鼎湖峰和黄帝文化的诗篇，如谢灵运、李白、白居易等，这些作品不仅丰富了黄帝文化的内涵，也成了后人研究和了解黄帝文化的重要途径。

如今，缙云仙都景区不仅是自然风光的宝地，更是黄帝文化的传承中心。每年清明、重阳等时节，人们都会在黄帝祠宇举行盛大的祭祀活动，表达对黄帝的敬仰和追思。黄帝文化已成为缙云乃至浙江省重要的文化标识和旅游资源，吸引着来自世界各地的人们前来探寻和体验。

○○○
来仙都走辇路有什么涵义?

仙都山
宋·沈括

苔封辇路上青山,鹤驭辽天去不还。
惟有银河秋月夜,鼎湖烟浪到人间。

《仙都山》这首诗的背景是沈括在宋仁宗嘉祐年间(1056—1063年)任缙云县令时,对当地的山水风光和人文历史进行了深入的了解和研究。

仙都山自古以来就是道教和佛教的圣地,也是文人墨客向往的旅游胜地。沈括在任期间,多次游历仙都山,被其壮丽的景色和悠久的历史文化所吸引,于是写下了这首诗。

在诗中,沈括描绘了仙都山的美景,如青山、银河、秋夜月等,同时也提到了黄帝炼丹的传说,表达了他对仙都山的敬仰和赞美之情。这首诗不仅是对仙都山的描绘,也是对中国传统文化的传承和弘扬。

在缙云县绿意盎然的山水间,有一处自古以来便被赞誉为人间仙境的地方——仙都。仙都山,以其峰岩奇绝、山水神秀而闻名遐迩,而辇路,作为通往这片神秘领域的古道,承载着无数行人的足迹与传说,它们之间的联系,不仅是地理上的通衢,更是历史与文化的纽带。

辇路,古时皇帝巡游之路,如今依旧蜿蜒在仙都的青山绿水间。它见证了唐玄宗李隆基的惊叹,亲笔题下"仙都"二字,赋予了这片土地荣光。自那以后,辇路不仅是连接外界与仙都的通道,更成了一条文化长廊,沿途的摩崖石刻、古桥、古道,每一处都诉说着过往的辉煌与沧桑。

以鼎湖峰为代表的仙都山,其峰巅的黄帝祠宇,传说是黄帝炼丹升天之地,赋予了仙都山神秘而庄严的气质。辇路与仙都山的结合,宛如一条时光隧道,引领人们穿梭于古今之间,感受历史的厚重与自然的灵动。

　　沿着辇路，可以欣赏到仙都山的九曲练溪、十里画廊，山水飘逸，云雾缭绕，仿佛每一步都踏着古人的足迹，每一眼都观着古人的景致。辇路的石阶，被岁月雕琢得光滑圆润，每块石板都似乎记载着一段段尘封的故事。

　　仙都山的自然景观与辇路的历史文化相得益彰，共同绘制了一幅流动的山水画卷。在这里，可以聆听溪水潺潺，可以触摸古树参天，可以探寻黄帝的传说，可以体验古代文人墨客的风雅。辇路不仅是一条道路，更是一种连接，一种传承，一种对美好生活的追求与向往。

　　辇路与仙都山是自然与人文的和谐共生，是历史与现实的交织融合。走在仙都的辇路上，仿佛能听到远古的回声，看到岁月的流转，感受到仙都山的灵气与神韵。

○○○
莺花被赋予了哪个建筑？

千秋岁

宋·秦观

水边沙外，城郭春寒退。
花影乱，莺声碎。
飘零疏酒盏，离别宽衣带。
人不见，碧云暮合空相对。
忆昔西池会。鹓鹭同飞盖。
携手处，今谁在。
日边清梦断，镜里朱颜改。
春去也，飞红万点愁如海。

这首词上片写景，下片抒情。上片通过描绘春天的景色，表达了词人对逝去时光的怀念；下片则转入对往昔欢乐时光的回忆和对现状的感慨，抒发了词人对友人的思念以及对人生无常的感慨。

秦观的词风婉约，善于通过自然景物来抒发个人情感，这首《千秋岁》便是其代表作之一，深受后世喜爱和传唱。

莺花亭，与北宋著名文学家秦观的名字紧密相连，坐落于水南村的栖霞寺之中。栖霞寺内，一踏入便能直接望见莺花亭。它位于寺院右侧的显眼位置，是一个四角形的亭子，亭内悬挂着匾额。亭中矗立着一块青石碑，碑下设有基座。碑的正面刻有"宋秦淮海先生留宿处"的阴文篆字。行至碑的背面，以行书刻着秦观的《千秋岁》全词，细读其词，仿佛能见到当年被贬至处州负责酒税的苏门才子，独自立于江边，满怀失意的孤寂身影。

秦观因"元祐党籍"一事被迫离开京城，担任杭州通判。在前往就职的路上，他又被控以"增删神宗实录"之罪，遭贬至处州，负责监督酒税。从那时起，秦观在处州度过了三年（1094—1096 年）的流放生活，期间一直受到严密监视，生活充满压抑。

据传，在秦观未出仕之前，就与昭庆禅师、诗僧道潜（别号参寥子）等人有过深入交流。到达处州后，秦观结识了青田慈仁寺的住持、诗僧昙法师，并频繁访问慈仁寺，进而留宿于青田水南的栖霞寺，抄写佛经。栖霞寺的僧侣曾将秦观的词作刻在石碑上，立于寺内。然而，随着时间的流逝，这块石碑最终失散。

到了清光绪十九年，秦观的后裔觐荣、国均、耀奎三人一同访问栖霞寺，寻找先祖的遗踪，但未能找到原石碑。因此，在光绪二十一年，他们将秦观的《千秋岁》重新刻碑，并立于寺旁。次年，青田知县在寺的右侧建立了莺花亭，并将新刻的石碑移至亭内。

传说，栖霞寺最初名为披云寺，始建于唐朝的天宝年间（742 年）。到了宋代，它被赋予了新的名字——栖霞寺。这座历史悠久的寺庙，跨越了无数个春秋，默默见证着水南村不断演变的风貌。

○○○
南明山的摩崖石刻有什么特点？

游南明山

宋·石声之

只应寻胜到林泉，四抱回峰万朵莲。
僧过不知山隐寺，客来方见洞开天。
浮图照水光相映，古木依崖影倒悬。
风露了非人世界，恍疑身似洞中仙。

这首诗中，诗人石声之运用丰富的意象和细腻的笔触，勾勒出一幅山中寺庙与自然景观和谐共存的画卷。首句"只应寻胜到林泉"表达了诗人为了寻找美景而来到山水之间。接下来的"四抱回峰万朵莲"用"万朵莲"形容群峰，形象生动地描绘了山峰的秀丽。颔联"僧过不知山隐寺，客来方见洞开天"表达了一种隐逸的意境，僧人行走其间而不觉，唯有远道而来的客人才能发现这隐秘的洞天。颈联"浮图照水光相映，古木依崖影倒悬"通过光影和倒影的描绘，增强了诗中景色的立体感和深邃感。尾联"风露了非人世界，恍疑身似洞中仙"则是诗人在游览之后，感受到的超脱与宁静，仿佛脱离了尘世，达到了仙人的境界。整首诗流露出诗人对自然美景的赞美以及对隐逸生活的向往。

这首诗通过精练的语言和深邃的意境，展现了石声之作为宋代诗人的文学才华，同时也让人感受到南明山的宁静与美好。

南明山的摩崖石刻以其历史悠久和艺术价值而著称，主要分布在丽水市莲都区南明山上的石梁、高阳洞和云阁崖三处。这些石刻作品不仅记录了丰富的历史信息，还特别展现了书法艺术的卓越成就。

要说南明山的摩崖石刻，一个重要的看点便是东晋葛洪所书的"灵崇"二字，其书法遒劲有力，被《处州府志·金石篇》誉为"飘若游云，矫若惊龙"。这两个字不仅因其年代久远而珍贵，更因其艺术价值和书法造诣而备受推崇。葛洪，东晋时期的道教理论家、医学家，其手迹为南明山增添了一份神秘的色彩。相传葛洪曾在南明山炼丹，其使用过的水井"葛井"至今犹存，井水清澈甘洌，与"灵崇"石刻一同诉说着古老的传说。

南明山摩崖石刻的另一个亮点是北宋书画家米芾书写的"南明山"三个大字，笔力遒劲、飘逸洒脱，与山势相得益彰。米芾的书法与苏轼、黄庭坚、蔡襄并称"宋四家"，其作品具有极高的艺术价值和历史地位。

这些石刻作品不仅为研究中国古代书法艺术提供了宝贵资料，也为南明山的自然风光增添了深厚的文化底蕴。如今，南明山摩崖石刻已成为浙江省重点保护文物单位，吸引着众多游客和学者前来考察研究。

○○○
从括苍山上可以看到哪些山峰?

括苍山
唐·刘昭禹

尽日行方半,诸山直下看。
白云随步起,危径极天盘。
瀑顶桥形小,溪边店影寒。
往来空太息,玄鬓改非难。

刘昭禹写《括苍山》这首诗时,正处于晚唐时期,当时的社会动荡不安,政治腐败,人民生活困苦。诗人在游历括苍山时,被其壮丽的景色所吸引,同时也感受到了人生的短暂和无常,因此发出了"往来空太息,玄鬓改非难"的感慨。

这首诗的首联"尽日行方半,诸山直下看",交代了诗人出游的时间和行程,同时也描绘了括苍山的巍峨壮观。颔联"白云随步起,危径极天盘",则描写了诗人在登山过程中所看到的景色,白云缭绕,山路险峻。颈联"瀑顶桥形小,溪边店影寒",继续描写了山上的景色,瀑布、小桥、溪边的店铺,构成了一幅宁静而美丽的画面。尾联"往来空太息,玄鬓改非难",则表达了诗人对人生的感慨,时光匆匆,人生短暂,岁月不饶人。

括苍山地处浙东中南部,为灵江水系与瓯江水系的分水岭,其脉由浙南洞宫山向东北延伸而来,拥有千米以上峰峦一百五十多座。括苍山的主峰米筛浪海拔约一千三百八十二米,系浙东南第一高峰,在临海市与仙居县交界处蟠结成主峰米筛浪,被称为"泰山之佐"。其独特的地理位置,成了观赏周边山脉的绝佳之地。站在括苍山之巅,视野辽阔,可以远眺四周的群山。

从括苍山上向东北望去,是闻名遐迩的天台山,那里有着被称为"第六洞天"

的玉京洞，山势险峻，景色秀美。向东南方向望，则是雁荡山的壮丽轮廓，这座山以其独特的奇峰怪石著称，被誉为"东南第一山"。向西远眺，仙都的秀丽山色尽收眼底，那里的山峦起伏，云雾缭绕，充满了神秘色彩。

在括苍山的四周，还有许多其他著名的山脉和景点。例如，括苍山的支脉展布在仙居、临海、黄岩、永嘉、缙云等地，形成了众多的自然景观和人文景观。此外，括苍山的主干山脉呈北东—南西走向，余脉甚至伸展至三门湾以南，入海处则被称为"东矶列岛"，展现了山脉的辽阔与壮美。

在括苍山，不仅可以观赏到周边连绵起伏的山脉，还能体验到"会当凌绝顶，一览众山小"的豪迈情怀。这里的自然和人文景观，如云海、日出、风车等，与周围的山脉交相辉映，构成了一幅动人的画卷。

○○○
黑神话悟空取景地的时思寺有何故事？

时思寺怀古

清·梅开昆

宝殿恢宏古刹幽，时思旌院著千秋。
清风淡淡旌堪拟，高节昭昭莫与俦。
胜地流光彰孝德，名庐受敕仰皇猷。
钟鼓声韵今犹振，堪向祇园切静修。

这首诗饱含着浓厚的历史气息与文化意蕴，它借由对时思寺的描写，彰显了中国古代的建筑美学和文化积淀。此诗不仅是对古代建筑技艺的颂扬，亦是对过往历史的追忆。

"钟鼓声韵今犹振"，捕捉了时思寺的静谧与庄重，钟鼓之声的悠扬，传递出历史的厚重与文化的连续性，不仅描绘了时思寺的物质形态，更赞颂了其承载的精神内涵。而"堪向祇园切静修"，则透露出诗人对佛教文化的敬仰，以及对圣地的虔诚之心。

梅开昆借由这首诗表达了对时思寺及其所代表的文化的深切情感。时思寺不仅代表着建筑艺术的精湛，也是历史记忆的积淀，蕴含着古代中国的宗教信仰、文化传统和艺术精髓。

《时思寺怀古》不仅是对时思寺这座古老建筑的颂扬，同样承载着对中国古代文化、宗教和艺术的追忆。

南宋绍兴年间，位于今天浙江省景宁畲族自治县的大漈乡大漈村，梅氏家族的族长梅太公以公正无私和崇高威望著称。他通过一场榫卯技艺的较量，公正地选拔出了负责建造的主工匠，成功建立了历经八百余年风雨仍屹立不倒的江南著名建筑——时思寺。这一事件催生了"木马选匠"的民间传说，标志着这里成了中国招标文化的最早发源地之一。

○○○
丁字碑讲了什么故事？

卯山

宋·吴天泽

丁字碑残惊梦笔，卯山丹就建元坛。
犹余地下仙棋子，留与人间作石看。

这首诗描绘了一幅充满神秘与历史韵味的景象，通过"丁字碑残惊梦笔，卯山丹就建元坛"与"犹余地下仙棋子，留与人间作石看"的对比，展现了自然景观与人文景观的和谐共存，以及作者对历史变迁的感慨。

首先，"丁字碑残惊梦笔"描绘了一座古老的石碑，它因为时间的流逝而部分损坏，象征着历史的沧桑和岁月的无情。这里的"惊梦笔"寓意着人们对历史的惊叹和对过去的回忆，暗示着这座石碑承载着一段深刻的历史记忆，能够引起人们的深思。"卯山丹就建元坛"则描绘了一座山，经过人们的开发或修建，成了一个具有特定宗教或文化意义的场所，象征着人类对自然的改造和利用以及对精神追求的重视。

其次，"犹余地下仙棋子，留与人间作石看"，通过"仙棋子"和"石看"的意象，传达了一种超凡脱俗、回归自然的哲学思考。"留与人间作石看"则表达了一种对自然景观的珍视和保护，暗示着人类应该尊重自然、与自然和谐共处。

从整体来看，这首诗通过生动的描绘和深刻的寓意，表达了作者对自然景观和人文景观的赞美，以及对历史变迁和人类行为的反思。它提醒我们，在享受现代文明带来的便利的同时，不应忘记对自然和历史的尊重与保护，以及人类活动对自然环境可能造成的影响。同时，这首诗也鼓励我们要以更加开放的心态去探索和理解自然与历史，从中汲取智慧和力量。

在丽水的卯山之巅，有一块闻名遐迩的丁字碑，它不仅是一处历史遗迹，更是唐代道教文化的生动体现。这块碑刻，全称唐故叶有道先生神道碑并序，亦称丁字碑或叶国重碑，默默诉说着一代道教宗师叶有道的传奇故事。

叶有道，字国重，是唐代著名道士叶法善的祖父。他生前潜修道术，深得时人敬仰。而叶法善，以其卓越的道术和医术，成为唐玄宗李隆基的上宾，被尊为"有道先生"。丁字碑的建立，不仅是对叶有道的纪念，更是对叶法善道教成就的认可。

丁字碑之所以闻名，还与唐代大书法家李邕的一段传奇故事密切相关。相传，叶法善曾请求李邕为祖父撰写碑文，李邕最初并未答应。然而，有一次在梦中，李邕被叶法善的魂魄所邀，梦中挥毫写下碑文，至"丁"字下数点而止。梦醒后，李邕惊讶地发现，梦中所书碑文竟被刻在了石碑上，成为传世佳作。这段传说，赋予了丁字碑神秘的色彩，也展现了李邕书法的超凡脱俗。

丁字碑的书法，以行书见长，笔力遒劲，结构严谨，气韵生动，堪称唐代书法的瑰宝。李邕的书法，与叶法善的道术，共同铸就了这块碑刻的非凡价值。它不仅记录了一段历史，更传承了一种文化，一种精神。

丁字碑与周围的自然景观和道教建筑相得益彰。卯山虽不高，却山清水秀，风光旖旎。山腰有座俭公祠，古朴典雅；山顶则是永宁观天师殿遗址，虽已破败，却依然能感受到昔日的庄严肃穆。这些遗迹，与丁字碑一起，构成了一幅动人的文化景观。

　　台州，古称海州，是中国东南沿海的一颗璀璨明珠，在历史的长河中书写着独特的篇章。它见证了岁月的更迭与发展，留存下众多珍贵的文化瑰宝和历史痕迹。台州的造船、制药和模具等传统产业，不但在国内占据重要地位，而且在全球展现了中国的精湛技艺和创新精神。

　　台州素有"山海之城"的美誉，一直以来都是文人雅士的钟情之地。杜甫的《台州地阔海冥冥》、文天祥的《过黄岩》等诗作，皆勾勒出台州的山海风光和人文魅力。这些诗词不单展现了台州的迷人景致，也流露出诗人们对这座城市的钟爱之情。

　　台州的风景名胜数不胜数，天台山是其中最为出众的存在。除了天台山，台州还有诸多闻名遐迩的景点，如椒江的大陈岛、临海的江南长城等。

　　台州，这座古老且充满活力的城市，凭借其深厚的文化积淀、迷人的自然风光和昂扬的现代风貌，吸引着五湖四海的游人纷至沓来。

○○○
琼台仙谷究竟美在哪里？

琼台

唐·李白

龙楼凤阙不肯往，飞腾直欲天台去。
碧玉连环八面山，山中亦有行人路。
青衣邀我游琼台，琪木花芳九叶开。
天风飘香不点地，千片万片绝尘埃。
我来正当重九后，笑把烟霞俱抖擞。
明朝拂袖出紫微，壁上龙蛇空自走。

琼台，山峰名，在天台山琼台仙谷景区内，沿灵溪北行，两旁山壁对峙，山势峥嵘峻峭，奇峰纷呈，怪石错列，且愈入愈奇。百丈崖有瀑如龙，下注成潭，潭水晶莹如黛，名为龙潭。潭旁一峰拔地而起，迥然卓立，即为琼台峰。峰上有石形似椅，传说铁拐李每逢中秋节之夜，便来此坐椅赏明月，故名"仙人座"。琼台前一山，两峰对峙，顶部平坦，颇似皇宫前两侧的楼阁，故称"双阙"。在明月当空的夜晚，坐在石椅上望月下群山，恍入仙境梦乡，"琼台夜月"即得名于此。琼台峰上有唐宋以来柳泌、天和子、康有为等人的"台岳奇观""秀甲台山""蓬莱仙境""观止"等摩崖题刻。

琼台仙谷之美，美在其多元而独特的自然景观和人文底蕴，引得无数诗人，如李白、杜甫、白居易、孟浩然，为之挥毫泼墨。

琼台仙谷之美是山水相依之美。大自然在此绘就了一幅壮美的山水画卷：溪流潺潺、瀑布飞泻、青山翠峦、怪石嶙峋、植被葱郁。清澈的溪水在怪石嶙峋间流淌，奏响悦耳的乐章；丰富的四季变换，春天山花烂漫，夏日绿树成荫，秋季红叶如火，冬时银装素裹。诗人沉醉于这动静皆宜的山水画卷之中，有感而发，才思如泉涌。

　　琼台仙谷之美也是神秘空灵之美。高耸的山峰云雾缭绕，神秘空灵，宛如仙境；谷内幽深静谧，雾气弥漫，增添了几分神秘的色彩。置身其中，仿佛能远离尘嚣，进入一个超凡脱俗的世界，让诗人心生向往，用诗句抒发内心的宁静与超脱。

　　琼台仙谷之美更是人文底蕴之美。此地历史悠久，蕴含着丰富的人文故事和传说。道教文化在此深深扎根，紫阳派祖师张紫阳的《悟真篇》便是在此地孕育而生。桐柏宫作为道教南宗的祖庭，承载着丰富的宗教文化与哲学思想。黄帝祭坛、仙人座等遗迹，更是对这片土地深厚文化底蕴的"颂歌"。

○○○
天台山的华顶峰有何打卡点？

天台晓望
唐·李白

天台邻四明，华顶高百越。
门标赤城霞，楼栖沧岛月。
凭高登远览，直下见溟渤。
云垂大鹏翻，波动巨鳌没。
风潮争汹涌，神怪何翕忽。
观奇迹无倪，好道心不歇。
攀条摘朱实，服药炼金骨。
安得生羽毛，千春卧蓬阙？

这首诗作于李白赐金还山后，与杜甫、高适分手后，来四明山镜湖看望老朋友贺知章，登临浙江天台山写下的，主要是描写浙江天台山的华顶峰。华顶峰是天台山的主峰，海拔一千零九十八米。华顶峰状如莲花的花心，四周群山向而拱之，层层相裹，形似花瓣，李白登华顶峰，挥毫写下了《天台晓望》的旷世诗作。

华顶峰是一处风光旖旎、人文景观丰富的打卡胜地。这里以云锦杜鹃最为著名，每年五月间，花团锦簇，形成一片缤纷夺目的花海，被誉为"华夏奇观"。云锦杜鹃花色丰富，有大红、粉红、白色和紫色，它们不仅色泽丰富，而且花朵盛开时足有碗口那么大，每棵树上的花朵可达上千朵，因此也被称为"千花杜鹃"。云锦杜鹃花期约七天左右，每年花期，人们便从四面八方汇聚于此，赏花、摄影、写生。在花海中徜徉，人们的心灵得到了净化，仿佛与大自然达成了一种无言的默契。

隐匿于云雾缭绕的山巅的华顶寺则是修行者的静修之处，四周古木参天，环境幽静，宛若人间仙境。寺内建筑古朴典雅，飞檐翘角，尽显传统寺庙的庄重与和谐。徜徉于此，可以远离尘世的喧嚣，感受禅意的宁静与自然的美好。寺内香火鼎盛，钟声悠扬，使人心灵得到净化，仿佛与世隔绝，体验到一种超脱世俗的宁静与平和。

归云洞和拜经台是华顶峰的两处景点，一古一今，一静一动。归云洞传说是三国时期葛玄种植的茶圃，距今已有一千七百余年。这里云雾缭绕，仿佛仙境，现建有归云亭供人休憩，是体验自然与历史交融的绝佳之地。位于华顶峰之巅的拜经台，是智者大师求拜《楞严经》的圣地，人们在此不仅可以感受到深厚的佛教文化，还能在晴朗之日观赏东海日出的壮丽景象。

○○○
天台山深处有什么?

诗三百三首·其二〇五首

唐·寒山

余家本住在天台,云路烟深绝客来。
千仞岩峦深可遁,万重溪涧石楼台。
桦巾木屐沿流步,布裘藜杖绕山回。
自觉浮生幻化事,逍遥快乐实善哉。

这是唐代诗人寒山所作的一首诗,描绘了天台山的美景和诗人在那里的生活。诗中的余家指的是诗人自己,他原本住在天台山,那里云路烟深,隔绝了尘世的喧嚣。天台山的千仞岩峦高耸入云,深可遁世,万重溪涧和石楼台构成了如诗如画的景色。诗人头戴桦巾,脚穿木屐,沿着溪流漫步,身着布裘,手持藜杖,绕着山来回走动。诗人领悟到人生的虚幻和无常,因此感到逍遥快乐,认为这种生活非常美好。

这首诗表达了诗人对天台山的喜爱和对隐居生活的向往,同时也反映了他对人生的深刻思考。天台山在中国文化中具有重要的地位,被视为佛教和道教的圣地,其壮丽的自然风光和深厚的文化底蕴吸引了众多文人墨客的吟咏和赞美。

天台山以"佛宗道源,山水神秀"闻名,是一处佛教圣地。国清寺始建于隋朝,距今已有一千四百多年历史;隋代高僧智顗在此建立天台宗,国清寺成为天台宗的发源地,影响远及国内外,在佛教界占据极高的地位。国清寺是佛教天台宗的祖庭,始建于隋开皇十八年,由晋王杨广为僧智顗所建,初名天台寺,后改名国清寺,寺名取"寺若成,国即清"之意,寓意着国家的清平和百姓的安康。

国清寺历经沧桑,屡遭毁坏而又屡建,现存的主要建筑大多为清雍正十二年重修后的规模。寺内保存有大量摩崖、碑刻、手书、佛像、法器等珍贵文物,见证了其悠久的历史和丰富的文化内涵。寺中的隋梅、隋塔以及明代的释迦牟尼铜像都是国清寺的标志。国清寺的建筑群依山就势，层层递高，错落有致，展现出中国古代建筑的美学特色。寺内的大雄宝殿、雨花殿、药师殿、观音殿等，不仅在建筑风格上各具特色，而且在宗教文化上也具有重要意义。

寒拾亭，是为纪念唐代诗僧寒山和拾得而建的。前后匾额上分别题写 "五峰胜景"和"万松深处"，指出了国清寺的地理环境和景观特色。

值得一提的是，国清寺在 2017 年取消了门票，成为浙江省首个免费开放的5A 级旅游景区，这一举措体现了国清寺开放包容的精神以及对传统文化传承的重视。寺内的斋菜也颇具特色，以其天然、绿色、健康而闻名，还曾登上美食节目《舌尖上的中国》。

国清寺内敬奉的丰干、寒山、拾得三位贤士，被合称为"三贤"，后两者在佛教中被尊为"和合二圣"，在道教中则被称为"和合二仙"。

〇〇〇

桐柏山上种满了桐树和柏树吗？

宿天台桐柏观

唐·孟浩然

海行信风帆，夕宿逗云岛。
缅寻沧洲趣，近爱赤城好。
扪萝亦践苔，辍棹恣探讨。
息阴憩桐柏，采秀弄芝草。
鹤唳清露垂，鸡鸣信潮早。
愿言解缨绂，从此去烦恼。
高步凌四明，玄踪得三老。
纷吾远游意，学彼长生道。
日夕望三山，云涛空浩浩。

《宿天台桐柏观》是唐代诗人孟浩然创作的一首诗。此诗写诗人在桐柏观休憩时可以采摘灵芝仙草，享受听鹤唳、闻鸡鸣、观早潮的乐趣，表达了诗人对仕途的厌倦、对隐逸生活的向往与追求。

桐柏山位于天台山之中，古时与天台山通用，但随着时间推移，桐柏山专指桐柏宫周围一带的山，自然风光秀丽。

历史上曾有多位名人在桐柏山修炼。三国时期，孙权在天台山之右建造了桐柏观，并命葛玄仙翁居之，葛玄被尊称为"葛仙翁"，桐柏观也成为桐柏宫的前身。后来，唐景云二年，睿宗下诏在法轮院的旧址上建立了桐柏观，拥有一堂、二台、三坛等建筑，并严禁在桐柏观四十里内樵猎。司马承祯也曾隐居桐柏山，并在此留下了丰富的文化遗迹。

北宋时期，天台人张伯端在此修炼、著书、传道授徒，并完成了内丹经典《悟真篇》的创作。

此外，桐柏山的自然环境也十分优美，景色宜人，非常值得一游。

○○○
天台山作为唐诗之路的终点，为何一直备受诗人们青睐？

题郑十八著作虔（节选）

唐·杜甫

台州地阔海冥冥，云水长和岛屿青。
乱后故人双别泪，春深逐客一浮萍。

《题郑十八著作虔》是唐代诗人杜甫创作的一首七言排律。诗中运用大量典故，使诗意蕴丰富，简洁含蓄，庄重典雅，很具表现力和感染力。

天台山，作为唐诗之路的终点，一直受到诗人们的青睐，其原因在于它不仅拥有令人叹为观止的自然景观，更蕴含着深厚的文化底蕴。从长安出发，沿途风光无限，最终汇聚于此，诗人们在此吟咏山水，抒发胸臆，创作了大量描绘天台山的诗篇，使天台山成了唐诗之路上的重要文化符号。天台山的奇山异水、奇花异木、奇岩怪石，构成了一幅幅天然的画卷，激发了诗人们无限的创作灵感，他们在这里相互交流、唱和，留下了许多优美的诗篇。

孟浩然在晨曦中乘舟前往天台山，怀着对壮美景色的向往和期待，他写道："问我今何适？天台访石桥。坐看霞色晓，疑是赤城标。"天台山的南门，赤城山以其丹霞地貌和"赤城霞起"而闻名，李白登临华顶山后，被其景色所吸引，挥毫泼墨，创作了《天台晓望》："天台邻四明，华顶高百越。门标赤城霞，楼栖沧岛月。"天台山的石梁飞瀑是世界上罕见的花岗岩天生桥，瀑布穿梁而过，形成壮观景象。看到此景，李郢在《重游天台》诗中感慨："南国天台山水奇，石桥危险古来知。"

唐代诗僧寒山，曾长期隐居在天台上寒岩，他的诗歌风格朴素自然，语言通俗易懂，充满哲理禅意，不仅在中国受到推崇，甚至在国际上也产生了广泛的影响。寒山的诗歌在二十世纪传入美国，成为"垮掉的一代"的精神偶像，其声誉甚至超越了李白和杜甫。寒山的诗歌也是日本学者研究的重点，自二十世初以来，在日本不断被再版并深入研究，对日本文化产生了深远的影响。

如今，天台山依旧以其独有的魅力，吸引着世人的目光。它不仅是历史的见证者，更是当代文化的传播者。随着浙东唐诗之路的复兴，天台山必将再次成为世人心中的诗与远方，引领我们走进那个充满诗意的时代，感受古人的情怀与梦想。

○○○

朱熹为何独爱桐江书院？

送子入板桥桐江书院勉学诗

宋·朱熹

当年韩愈送阿符，城南灯火秋凉初。
我今送郎桐江上，柳条拂水春生鱼。
汝若问儒风，云窗雪案深功夫。
汝若问农事，晓烟春雨劳耕锄。
阿爹望汝耀门间，勉旃勉旃勤读书。

桐江书院位于仙居千年古镇皤滩境内，系宁波乾道（1165—1173年）年间，晚唐诗人方干第八代孙方斫举资创建。南宋哲学家、教育家朱熹曾数次莅临，为书院题名并遣子就学，使之名冠江南。

> 桐江书院，一座历经八百年沧桑的学术殿堂，坐落于仙居县皤滩乡的青山绿水间，环境清幽，有山有水，景色优美。南宋乾道年间，由方斫所建，其名源于晚唐时期著名诗人方干的诗集《桐江集》。书院依山傍水，环境清幽，是一处钟灵毓秀之地，为文人墨客提供了理想的学术氛围和创作环境。

桐江书院的创始人方斫，字宗璞，号子木，是宋乾道八年特科进士。他以方氏族产创办桐江书院，并置义田数十亩，以备四方来学膏火之费，吸引了众多文人学士，形成了一个学术圈子。方斫以其人格魅力和学术修养，吸引了南宋当时一流的学者来此进行学术交流。

桐江书院的创办者方斫以道学为开宗之学，承袭了岳麓书院的《朱子书院教条》为学规。朱熹对道学的重视和对书院学规的认可使其对桐江书院有着特殊的情感。他不仅亲自到此讲学，传播理学思想，更将其子送至书院深造，显示了他对书院学术氛围的高度认可。而且，朱熹更是挥毫泼墨，留下了"鼎山堂"三字，至今仍然悬挂在书院的前殿檐下，成为书院文化传承的象征。南宋乐清人王十朋，1157 年的进士第一，也曾在此讲学，并手书"东南道学世家""理学明宗"两块匾额，对书院的发展和文化积淀做出了重要贡献。众多知名大儒的汇聚使得书院成了学术交流和文化传承的重要场所，朱熹当然也希望孩子能够在这里接受多元的学术熏陶和文化滋养。

桐江书院不仅是一座知识的殿堂，更是文化的传承地。它见证了无数文人墨客的足迹，也孕育了一代又一代的杰出学子。书院屡毁屡建，儒学在仙居自此弦诵不息。自出桐江书院的儒士"达则兼济天下，穷则独善其身"，或寄情山水，或耕读乡里，成为精神上的归宿。

如今，桐江书院经过重修，依旧以其独特的历史价值和文化内涵，启发着后人对古代学术精神的探索与传承。书院的建筑群气势恢宏，古朴典雅，包括正门、鼎山堂、大成殿及东西厢房等，周围的自然景观秀丽绝伦，为人们提供了一个静心求学、修身养性的理想环境。

八百年的风雨兼程，桐江书院见证了中国教育的曲折发展，也承载了中华民族深厚的文化底蕴。它不仅是仙居的骄傲，更是中华文化宝库中的一颗璀璨明珠。

○○○
石夫人的传说为何能入选非遗项目？

咏石夫人

宋·詹会龙

巍巍独立向江滨，四畔无人水作邻。
绿鬓懒梳千载髻，朱颜不改万年春。
雪为腻粉凭风敷，霞作胭脂仗日匀。
莫道面前无宝镜，一轮明月照夫人。

石夫人的传说，是温岭文化中的一颗璀璨明珠。传说起源于明清时期，相传，石夫人原是位年轻貌美的寡妇，与年幼的女儿相依为命，她以善良和乐于助人赢得了乡邻的尊敬。然而，命运的残酷使她陷入了当地族长的觊觎，为了追求自由和爱情，她选择了逃离。在那个风雨交加的夜晚，石夫人背负着女儿，怀揣着对石陀人的深情，踏上了前往澄江的路。命运弄人，当她逃至五龙山时，天色渐明，绝望之下，她选择了化作一块巨石，永远矗立在山巅，眺望着远方的爱人。而石陀人在得知噩耗后，亦化作了山峰，与石夫人隔山隔水，遥遥相望。

石夫人的传说不仅承载着当地人民的情感追求，也反映了他们对美好生活的向往和对封建礼教的反抗。温岭地区经济发达，集市贸易活跃，促进了男女之间的交往，为这段传奇故事提供了肥沃的土壤。石夫人的传说具有反抗封建礼教的积极意义，经过几代人的传承和口头文学的发展，最终形成了文字，成为温岭非遗文化中不可或缺的一部分。

石夫人峰，作为温岭的标志性象征，不仅是一处自然景观，更是一个文化符号，它见证了温岭人民对自由和爱情的追求以及对传统束缚的抗争。在今天，石夫人的传说依然被人们传颂，通过入选地级非遗项目，得到了更好的保护和传承，成了连接过去与现在的桥梁，也使更多人了解温岭这片土地深厚的文化底蕴和历史价值。

○○○
"邑称仙之居，山水开画图"是什么意思？

题仙居

宋·刘光

仙居山水自巉绝，往往声高压东越。
三溪水从天上来，一洞复与人间别。
紫箨修峰半云雨，韦羌怪石藏日月。
地灵钟鼓镇奇英，人瑞何年起豪杰。
我来正值西风高，晴空万里分秋毫。
山明水绿快心目，登临不觉筋骸劳。

　　《题仙居》是宋代诗人刘光所作的诗，描绘了仙居的山水之美和独特的地理风貌。诗中提到"仙居山水自巉绝，往往声高压东越"，形容其景色壮美，声名远扬。"三溪水从天上来，一洞复与人间别"，描述了仙居的溪流和洞穴的奇特之处。"紫箨修峰半云雨，韦羌怪石藏日月"，形象地写出了山峰的秀丽和怪石的神秘。"地灵钟鼓镇奇英，人瑞何年起豪杰"，表达了仙居的地灵人杰以及对英雄豪杰的期待。最后，诗人表达了自己在西风高吹、晴空万里的时节来到仙居，登山临水，心旷神怡，忘却了身体的疲劳。整首诗以生动的语言描绘了仙居的美景和独特魅力，展现了诗人对仙居的喜爱和赞美之情。

　　仙居，一个自古以来便被诗人吟咏的地方，它的美丽与神秘，深深吸引了古今游客。"邑称仙之居，山水开画图"，这句诗描绘的正是仙居如诗如画的自然风光和对它作为仙人居住之地的最高赞誉。仙居的山水之美，仿佛是大自然精心绘制的一幅画卷，让世人赞叹不已。

　　仙居最负盛名的当数神仙居景区，被誉为"天下独绝，处处仙乡"，其地质奇观和生态多样性，使人仿佛置身于仙人的居所。这里，奇峰险崖、绝壁天坑、流泉飞瀑，无不展现着大自然的鬼斧神工，而如梦如幻的云海、雾涛，更是让人感受到超凡脱俗的仙境之美。

　　皤滩古镇，以其"龙"形古街闻名，古街两旁唐、宋、明、清、民国时期遗留下来的民宅古居，布局精美，气势宏伟，仿佛在诉说着千年的繁华与沧桑。古镇中的老街、古宅、古书院以及获得中国艺术展览会金奖的针刺无骨花灯，无不体现出这里深厚的历史文化底蕴。

　　仙居不仅有着令人赞叹的自然美景，还孕育了丰富的诗意文化。从唐代的项斯到宋代的众多进士，仙居文风鼎盛，才子佳人辈出。这些文人墨客的诗词歌赋，为仙居增添了浓厚的文化氛围。例如，宋代陈襄的《初至乐安述怀》以及刘光的《题仙居》等，都表达了对仙居山水之美的赞美。

　　仙居是一个充满诗意浪漫的地方，无论是自然景观还是人文历史，都让人越品越美。"邑称仙之居，山水开画图"，这不仅是对仙居美景的赞美，也是对仙居深厚文化的一种肯定。

○○○
一山聚四塔的巾山有哪四塔？

巾山晨望東钱克温

明·方孝孺

月落江水明，疏钟发林杪。
蒙蒙山气合，历历川光晓。
妙静玄化机，纵意群动表。
悠然悟真趣，忽觉天地小。
是身本无累，万事相纷扰。
愿释经世情，于兹共幽讨。

这首诗描绘了一幅超然物外、孤高绝尘的深山修道者的意境图。这首诗由明代方孝孺创作，展现了巾山雄奇瑰丽的景象。巾山位于临海台州府城之东南隅，连接着小固山两峰，濒临灵江。这里不仅是观看自然风光的绝佳地点，也是儒释道文化遗存丰富的地方。历史上，谢灵运、徐霞客、戴复古等古代仁人志士都在此留下了足迹和诗句，这使得这首诗不仅仅是一首诗，更是一段历史的见证和文化的传承。这首诗所描绘的景象和意境，正是江南好风景的代表，让人仿佛置身于充满诗意和浪漫的世界中。

巾山，也称巾子山，坐落于临海古城东南隅，以其独特的四塔景观和深厚的文化底蕴而闻名。巾山不高，仅百余米，却因四塔的耸立而显得格外壮观。这四塔分别是文峰双塔、南山殿塔和千佛塔，它们不仅在建筑艺术上各具特色，更承载着丰富的历史文化意义。

文峰双塔，又被称为"东大塔"和"西塔"，始建于北宋时期，后在清朝同治四年由台州知府刘璈主持重建。东大塔内修筑了楼梯，狭窄仅供一人上下，而西塔则为实心结构。两塔均为砖石结构，五级六面，塔内壁的不少塔砖尚有篆书铭文，颇为珍贵。

南山殿塔位于山腰处，是巾山的南坡，是一座佛教塔。相传是为了纪念唐朝名将张巡而建立的。现存的南山殿塔为楼阁式砖塔，五级六面，塔内中空，自第二级开始每级每面均有壶门形佛龛和壶门形窗，但因年久失修，古塔损毁程度较深。

千佛塔则位于巾山脚下的龙兴寺院内，是临海现存最为高大的古塔之一。塔身嵌着一千零三尊佛像砖，千佛塔也因这千余尊佛像而得名。每块佛像砖比例准确，造型精美，凝聚着百年岁月历史，更是浙江仅存的两座元塔之一。

巾山不仅以其四塔吸引着游客，更以其优美的自然景观和丰富的人文历史让人流连忘返。山上古木参天，寺院楼阁掩映其中，古人摩崖题刻多处，是游览之胜地。唐代诗人李白、孟浩然以及宋代大学者朱熹都曾到访巾山，并留下了赞美的诗篇。

巾山公园，如今已华丽转身为一处融合了自然美景与人文精粹的热门游览胜地。蜿蜒的游步道宽敞而整洁，四周绿意盎然，仿佛一幅生机勃勃的画卷。每到秋天，红枫与榉树便换上了斑斓的华服，交织成一幅绚烂的秋日图景。

绍兴

SHAO XING

第十一章

绍兴，简称越，古称越州、会稽、山阴，是浙江省辖地级市，位于浙江省中北部，杭州湾南岸。绍兴市东临宁波市，南接台州市、金华市，西与杭州市相连，北隔钱塘江与嘉兴市相望。

绍兴有着悠久的历史和深厚的文化底蕴。越国古都建于公元前490 年，距今已有两千五百多年建城史。南宋高宗赵构取"绍奕世之宏休，兴百年之丕绪"之意，得名绍兴。绍兴市是首批国家历史文化名城，是著名的水乡、桥乡、酒乡、书法之乡、名士之乡。

绍兴文化特色鲜明，包括艰苦奋斗、开拓创新的治水文化，百折不挠、精益求精的纺织文化，以及外柔内刚、厚积薄发的酿酒文化等。同时，绍兴还是越剧、绍剧、莲花落等地方戏曲的发源地，有着丰富的文化遗产和旅游资源，如兰亭、禹陵、绍兴鲁迅故里等。

绍兴是一座历史悠久、文化底蕴深厚的城市，交通便利，经济发展迅速。作为首批国家历史文化名城，绍兴拥有众多的文化古迹和旅游景点，吸引着众多游客前来观光旅游。

○○○
为什么剡溪是浙东唐诗之路的核心区域？

壮游（节选）

唐·杜甫

蒸鱼闻匕首，除道哂要章。

越女天下白，鉴湖五月凉。

剡溪蕴秀异，欲罢不能忘。

归帆拂天姥，中岁贡旧乡。

杜甫生活在唐朝由盛转衰的历史时期，他的诗歌深刻反映了社会的动荡和人民的疾苦，被誉为"诗史"。在《壮游》这首诗中，杜甫以自己的亲身经历为基础，抒发了对国家命运和个人遭遇的感慨。

《壮游》这首诗指的是杜甫在中年以后，因政治失意和生活困顿而四处漂泊的经历，诗中提到的景点包括了长安、洛阳等当时的政治文化中心以及江南、巴蜀等地。这些地方不仅是杜甫游历的足迹，也是他观察社会、体验人生的场所。通过对这些地点的描写，杜甫展现了自己对国家和民族的深切关怀。

诗中通过对不同景点的对比描写，展现了社会的贫富悬殊和个人的荣辱起伏。同时，杜甫运用了许多象征手法，象征着国家的强盛和个人的志向。

杜甫在诗中深入地揭示了自己的内心世界。他对过去的回忆、对现实的感受以及对未来的展望，都通过细腻的心理描写得以展现。

《壮游》不仅是一首记录个人经历的诗歌，更是一幅展现唐代社会面貌和个人精神世界的画卷。杜甫通过精心的构思和精湛的写作技巧，使得这首诗成了中国古代文学宝库中的瑰宝。

剡溪，这条蜿蜒在绍兴嵊州的古老河流，不仅是自然风光的宝地，更是文化传承的纽带。它与浙东唐诗之路的关联性，源于其独特的地理位置和深厚的文化底蕴。

剡溪被誉为"浙东唐诗之路的核心区域和关键节点"。历史上，这里曾吸引无数文人墨客驻足，留下了丰富的文化遗产。唐代诗人如李白、杜甫、孟浩然、王维等四百多位诗人，在此留下了一千多首诗作，他们追寻魏晋遗风，吟诵古越风情和灵山秀水，使得剡溪成为唐代诗人留下足迹最多的地方之一。剡溪是浙东唐诗之路上的水路干线，是山水人文风光最丰富的一段，也是唐代诗人留下足迹最多的一段，具有极大的吸引力。

剡溪的声名，不仅因其自然美景，还因为这里曾是唐代诗人游览浙东山水的主要通道。诗人们通过剡溪，游览了浙东的名山大川，其诗作中频繁提及剡溪，使其名声远扬。剡溪的地位之高，从唐代诗人的作品中可见一斑。例如，崔颢所写的"鸣棹下东阳，回舟入剡乡"，杜甫的"归帆拂天姥"，都表明了剡溪在唐代文人心中的重要位置。

此外，剡溪地区还盛产剡藤纸，这种纸曾长期作为官方的文书专用纸，在唐代享有极高的声誉，进一步增强了剡溪的文化地位。剡溪的故事和传奇，如"刘阮遇仙"等，也为剡溪增添了几分神秘色彩，使其成为文化研究和旅游的热点。

剡溪与唐诗之路的关联，不仅是地理上的交汇，更是文化上的融合。它见证了唐代诗歌的繁荣，也承载了中国古代文人的精神追求和文化理想。如今，剡溪依然是寻访唐诗之路、体验传统文化的重要目的地。剡溪凭借其独特的自然风光、悠久的历史文化、重要的地理位置以及现代社会对其文化的持续推广，成了浙东唐诗之路上不可或缺的核心区域。

剡溪流过的剡乡有什么美景美食？

舟行入剡

唐·崔颢

鸣棹下东阳，回舟入剡乡。
青山行不尽，绿水去何长。
地气秋仍湿，江风晚渐凉。
山梅犹作雨，溪橘未知霜。
谢客文逾盛，林公未可忘。
多惭越中好，流恨阅时芳。

崔颢（704—754 年），唐代著名诗人，以才思敏捷、作品激昂豪放著称。他的诗歌风格多样，既有豪迈的边塞诗，也有细腻的山水田园诗。《舟行入剡》反映了他对自然美的敏感捕捉以及对历史文化的深刻感悟。

剡溪，位于今天的浙江嵊州市，是古代文人墨客钟爱的游览之地，尤其在唐代，众多诗人如李白、杜牧等都曾游历于此，并留下了诸多脍炙人口的诗篇。剡溪以其清澈的水流、秀美的山川和丰富的人文历史而闻名。

崔颢在诗中运用了白描的手法，直接而生动地描绘了沿途的自然景象。"鸣棹下东阳，回舟入剡乡"，简练的语句勾勒出乘舟东行的情景。随后，"青山行不尽，绿水去何长"则以极简的笔触展现了连绵的青山和悠长的绿水，使读者仿佛置身其中。"山梅犹作雨，溪橘未知霜"，通过山梅在雨中的坚持和溪橘尚未遭遇霜冻的状态，诗人在象征自己虽历经风雨但仍保持坚韧，同时对未来抱有乐观心态，这种借自然之景表达内心情感的手法，是中国古典诗词中常见的抒情方式。

崔颢在《舟行入剡》这首诗中巧妙融合了自然景观与人文情怀，运用多种写作技巧，不仅描绘了一幅幅动人的山水画卷，也寄托了诗人对自然、历史和文学传统的深切情感。

剡溪，这条穿行于嵊州市的古老河流，孕育了一片生机勃勃的土地——剡乡。这里，自然与人文交织，历史与现代和谐共存，形成了一幅丰富多彩的江南水乡图卷。

剡溪之美，首在其水。清澈的溪水在群山间蜿蜒流淌，仿佛一条玉带，串联起两岸的青山、古树、奇石与飞瀑。剡溪九曲，每一曲都有其独特的景致，如一曲长乐的宁静、二曲艇湖的开阔、三曲禹溪的幽深，每一处都让人心旷神怡。

然而，剡溪的魅力远不止于此。这里曾是古代文人墨客的向往之地，留下了无数传世佳作。唐代诗人李白、杜甫等都曾游历至此，被剡溪的美景所吸引，留下了对其赞美的诗篇。"湖月照我影，送我至剡溪"，李白的这句诗，不仅描绘了剡溪夜晚的美景，更表达了诗人对这片土地深深的眷恋。

剡乡的美食同样令人难忘。嵊州小笼包，以其皮薄馅嫩、汤汁丰富而闻名；嵊州年糕，以其独特的制作工艺和口感，成为当地人过年时必不可少的佳肴；还有糟鸡、糟肉等传统美食，每道菜都蕴含着剡乡人对食材的尊重和对烹饪技艺的追求。

剡乡的历史文化同样丰富多彩。这里曾是秦汉时期的剡县，后更名为嵊州。在漫长的历史长河中，剡乡见证了无数的变迁，也孕育了独特的地方文化。从古代的文人墨客到现代的游客，剡乡始终以其独特的魅力吸引着人们的到来。

剡溪和剡乡，是一首流淌在江南大地上的诗，是一幅展现在世人眼前的画。这里的每处风景、每道美食、每段历史，都让人沉醉其中，流连忘返。无论是寻幽探胜的游客，还是追溯历史的学者，剡溪和剡乡都是不可多得的宝地，值得每个人细细品味。

剡乡，这个名字，不仅代表着一片地理区域，更承载着一段历史、一种文化、一种生活。走进剡乡，就如同步入一幅流动的山水画卷，每处景致、每道佳肴、每段旋律，都在诉说着剡乡的故事，展现着剡乡的魅力。

○ ○ ○
镜湖的前世今生

游云门寺寄越府包户曹徐起居
唐·孟浩然

我行适诸越，梦寐怀所欢。久负独往愿，今来恣游盘。
台岭践嶝石，耶溪溯林湍。舍舟入香界，登阁憩旃檀。
晴山秦望近，春水镜湖宽。远怀伫应接，卑位徒劳安。
白云日夕滞，沧海去还观。故国眇天末，良朋在朝端。
迟尔同携手，何时方挂冠。

孟浩然的这首诗是其游历越地时所作，这首诗不仅展现了诗人对自然美景的热爱，也表达了对友人的思念之情。

云门山，位于浙江省境内，以其秀丽的山水和浓郁的文化底蕴而闻名。在唐代，云门山及其周边地区是文人墨客向往的游览胜地。诗中的耶溪、香界（寺庙）、阁楼、秦望山、镜湖等，都是实际存在的自然景观或文化地标，这些景点为孟浩然提供了丰富的创作素材。

这首诗的开篇即道"我行适诸越，梦寐怀所欢"，直接表达了诗人出行越地，心中挂念友人的情感。接下来，通过描绘游历过程中的自然景色，如"台岭践嶝石，耶溪溯林湍"，展现了诗人对自然的细致观察和深切感受，同时也寓意着诗人内心世界的平静与超脱。

孟浩然的这首诗通过对云门山及其周边自然景观的细腻描绘，不仅展现了诗人高超的写景艺术，也深刻表达了诗人对友人的思念和对隐逸生活的向往，以及在自然与人文景观中寻求精神慰藉和哲理思考的倾向。

　　绍兴的镜湖，古称鉴湖，是一处历史悠久的地方。它不仅是一处自然风光秀丽的湖泊，更是一段丰富文化传承的见证。镜湖的历史可追溯至东汉永和五年（140 年），由会稽太守马臻创建，是古代大型农田水利工程的杰作。它曾收纳南山三十六源之水，形成广袤的湖面，拥有六十九座闸门，既可用于灌溉，也能调节水位以防水患。

　　历史上的镜湖，是文人墨客竞相吟咏的对象，其名声甚至超越了西湖。袁宏道在《山阴道》中提到"六朝以上人，不闻西湖好"，突显了镜湖在当时文人心中的地位 。陆游等两宋期间的诗人，为镜湖留下了丰富的文化遗产。元代的杨维桢、王冕等诗人也在镜湖留下了自己的足迹，使得镜湖成了一个文化积淀深厚的地方。

　　然而，北宋大中祥符年间开始的围垦活动，导致镜湖逐渐湮废，至南宋初已基本消失。如今绍兴市西南四里处的鉴湖，仅是古镜湖的残迹 。尽管如此，镜湖在绍兴人心中的地位并未因时间的流逝而减退，它依然是绍兴的象征，是绍兴人情感的寄托。

　　进入现代，镜湖再次成为绍兴发展的重要组成部分。2000 年，镜湖被纳入绍兴大城市建设的整体规划，镜湖新区正式成立，开启了它现代化的转变。镜湖新区的崛起，标志着绍兴从"山阴时代"跨向了"镜湖时代"，进而向"杭州湾时代"挺进。随着高起点的规划和全城的投入建设，镜湖逐渐由昔日的沼泽地，转变为集金融商务、创研办公、科教文化、商旅休闲、公共服务等多功能于一体的城市新中心。

　　镜湖的过去，是绍兴历史文化的见证；镜湖的现在，是绍兴现代化建设的缩影；镜湖的未来，将承载着绍兴人民对美好生活的无限憧憬和追求。

○○○
若耶溪还能找到西施的影子吗？

入若耶溪

南朝梁·王籍

舣艎何泛泛，空水共悠悠。
阴霞生远岫，阳景逐回流。
蝉噪林逾静，鸟鸣山更幽。
此地动归念，长年悲倦游。

若耶溪，位于浙江省绍兴市东南，是一条风景秀丽的溪流。其两岸青山叠翠，溪水清澈，环境幽静，是文人墨客游览和写作的理想之地。王籍的《入若耶溪》这首诗，便是在游览若耶溪时所作。

诗人在描写景物时，善于运用色彩对比，如"阴霞"与"阳景"的对比，使得画面更加鲜明生动。同时，通过色彩的渲染，也传达了诗人对若耶溪美景的赞叹之情。

诗人将自己的情感融入景物之中，通过描绘景物的美好来抒发自己的情感。如"蝉噪林逾静，鸟鸣山更幽"一句，通过蝉噪和鸟鸣的声音来反衬出林中的幽静和山中的深邃，从而表达了诗人对若耶溪美景的陶醉和喜爱之情。

王籍的《入若耶溪》，通过对若耶溪及其周边景物的细腻描绘，展现了自然美的独特魅力。诗人运用色彩对比、动静结合等手法，将景物描绘得生动逼真；同时，寓情于景，将自己的情感融入景物之中，使得整首诗充满了诗意和美感。这首诗不仅展现了王籍高超的诗歌创作技巧，也为我们提供了一幅美丽的山水画卷。

若耶溪，这条蜿蜒在绍兴的古老溪流，不仅以其潺潺流水和清幽景色吸引着历代文人墨客，更因古代佳人西施的传说而闻名。相传，西施曾在此溪边浣纱，她的美貌使得鱼儿羞愧得沉入水底，由此诞生了"沉鱼"之美誉，而若耶溪也因西施的浣纱故事而愈发显得诗意盎然。

在唐代诗人李绅的笔下，若耶溪的美景与西施的传说交织在一起，形成了一幅动人的画卷。李绅所描述的"倾国美人妖艳远，凿山良冶铸炉深"，不仅展现了西施的绝世美貌，也让人联想到了古代工匠在溪边铸剑的勤劳身影。而"若耶溪畔采莲女，笑隔荷花共人语"的诗句，则生动地描绘了西施在溪边采莲的情景，她的笑声穿越了千年的时空，依旧在若耶溪的水面上回荡。

然而，若耶溪与西施的联系并不止于传说。在绍兴的历史文化中，若耶溪是一条具有深厚文化底蕴的母亲河。它不仅见证了越国的兴衰，也承载了无数文人墨客的诗情画意。从南北朝时期的王籍到唐代的孟浩然，再到宋代的陆游，无数的文学作品中都能找到若耶溪的踪迹。这些诗篇不仅赞美了若耶溪的自然风光，也表达了诗人们对这片土地深深的眷恋。

如今，若耶溪依旧在绍兴大地上静静流淌，它不仅承载着西施的传说，更见证了绍兴地区的历史变迁。走在若耶溪畔，我们或许无法亲眼见到西施的倩影，但可以通过溪水的波光、岸边的花草、历史的遗迹，感受到她曾经的存在。在这里，每处风景似乎都在诉说着西施的故事，每块石头都可能留有她浣纱时的余温。若耶溪，就像一位历史的长者，向我们讲述着那些古老而美丽的传说。

○○○
兰亭的茶市是从何时开始的?

兰亭道上

宋·陆游

兰亭步口水如天,茶市纷纷趁雨前。
乌笠游僧云际去,白衣醉叟道傍眠。

陆游生活在南宋,身处国土沦陷、外患频发的时代,他的个人经历和时代背景深刻影响了他的创作,使其诗歌中常蕴含着对国家命运的忧虑和对个人不得志的抒发。然而,《兰亭道上》这首诗则更多展现了他对自然美景的欣赏和对往昔文化的怀想。

兰亭本身就是一个充满诗意和文化底蕴的地点,它不仅因其自然风光著称,更因历史上那场著名的兰亭集会而闻名,那次集会催生了书法名篇《兰亭集序》。因此,兰亭不仅仅是一个地理概念,更是中国传统文化和艺术精神的象征。

陆游在诗中通过对兰亭道上自然景观的细腻描绘,寄托了自己对过往岁月的追忆和对自然美景的赞美,同时也透露出一种淡淡的哀愁和对时光流逝的感慨。

兰亭作为一个文化符号,其本身就富有象征意义。陆游在诗中提及兰亭,不仅仅是对眼前景致的描绘,也是对魏晋风度和文人聚会传统的致敬,体现了他对古代文人生活理想的向往。

陆游在诗中构建了一幅幅生动的画面,营造出一种清新而又略带忧郁的意境,让人仿佛置身于那个烟雨蒙蒙、竹影婆娑的兰亭道上,感受着历史与自然的交融。

陆游的《兰亭道上》不仅是一次对自然美的捕捉,更是一次穿越时空的文化对话,展现了诗人深厚的文化底蕴和对美好事物的敏锐感知。

绍兴兰亭不仅以书法闻名,其茶市同样拥有深厚的历史根基。绍兴作为历史上的茶都,其茶文化源远流长,始于汉,兴于魏晋南北朝,盛于唐宋,至明清时期,越茶更是行销天下。绍兴茶叶历史丰富,文化内涵深厚,历代诗人如陆游等常在诗词中咏及绍兴之茶，明代刘基亦称绍兴之地"多美茶"。绍兴的"日铸雪芽"等名茶，不仅盛行京师，还远涉南洋，被誉为"绿色珍珠"。

兰亭的茶市，作为绍兴茶文化的一部分，自然也秉承了这一历史传统。尤其在宋代，如陆游《兰亭道上》诗中所描述的"兰亭步口水如天，茶市纷纷趁雨前"，反映出南宋时期春茶上市时兰亭周边茶市的繁荣景象。这表明至少在南宋时期，兰亭附近的茶市已经非常活跃。绍兴地区，包括会稽和平水等地，因为自然条件适宜茶叶种植，自古以来就是重要的茶叶产地和贸易中心。

绍兴的茶市历史悠久，但现代意义上的规模化、专业化茶市主要形成于21世纪初，特别是以新昌县的中国茶市为代表，通过多期投资和规划，逐渐发展成为全国知名的茶叶交易市场。中国茶市位于浙江省新昌县七星街道，前身是浙东名茶市场。该茶市连接了多个省市的茶叶市场，是全国最大的龙井茶交易市场之一。

古时兰亭集会中的文人墨客，在曲水流觞、饮酒赋诗之余，也定会品鉴当地的名茶，享受茶香墨韵的雅趣。如今，兰亭不仅是书法艺术的圣地，更是体验和传承绍兴深厚茶文化的重要场所，让访客在欣赏书法之余，也能领略到绍兴茶文化的独特魅力。

○○○
沈园如何成为中国古代著名爱情名园？

春游

宋·陆游

沈家园里花如锦，半是当年识放翁。
也信美人终作土，不堪幽梦太匆匆。

陆游（1125—1210 年），字务观，号放翁，是南宋时期著名的爱国诗人，其一生历经坎坷，尤其在个人情感上，与原配唐婉的爱情悲剧成为他诗歌中反复吟咏的主题之一。《春游》这首诗反映了陆游晚年的心境，既有对美好往昔的追忆，也有对生命无常的感慨。

沈园，位于今中国浙江省绍兴市，是陆游与唐婉故事的发生地，承载了他们爱情的甜蜜与苦涩。沈园不仅是陆游个人情感记忆的载体，也是南宋时期园林艺术的代表，园内花木繁茂，景色宜人。陆游在诗中提到的"沈家园里花如锦"，既是对园中美景的真实描绘，也是对过去与唐婉共度时光的美好象征。

陆游在《春游》中巧妙地利用沈园的繁花景象，将情感融入自然之中，表达了对往昔美好时光的深切怀念。在花团锦簇的背景下，诗人对逝去岁月的深情眷恋悄然流露。这首诗不仅生动地描绘了园林的美景，更深刻地反映了陆游内心的丰富情感，通过精致的笔法和深刻的象征意义，展现了对往昔时光的无尽思念以及对生命无常的深刻思考。

沈园，这座中国古代著名的爱情名园，其声名主要源自南宋时期杰出诗人陆游与他的前妻唐婉之间的感人爱情故事，以及他们在沈园重逢并创作了流传千古的诗作。

陆游与唐婉的悲情恋歌是沈园声名远播的关键。他们因家族的阻挠而不得不分离，多年过去，在沈园意外重逢。尽管两人都已另组家庭，但内心深藏的情感依旧难以忘怀。这段爱情故事的悲剧性，触动了无数人的心弦。

陆游在沈园偶遇唐婉之后，创作了感人至深的《钗头凤·红酥手》，倾吐了他对唐婉深沉的思念和难以启齿的痛楚。唐婉也以《钗头凤·世情薄》相和，两首词作情感深沉，意蕴悠长，成为流传千古的绝响。这两篇作品不仅彰显了陆游和唐婉的文学才华，更见证了他们的爱情传奇。沈园因此成了这段爱情故事的象征。

随着岁月的流转，陆游与唐婉的这段凄美的爱情故事被世人传颂，沈园也因承载了这份忠贞不渝的爱而成为名垂青史的圣地。

沈园本身，作为南宋时期绍兴沈氏富商的私人园林，拥有不俗的园林艺术价值。园内设计精致，风光旖旎，拥有孤鹤亭、半壁亭、双桂堂等众多雅致景点。陆游和唐婉的爱情故事赋予了这座园林更深层的文化底蕴和人文情怀。

自南宋起，陆游与唐婉这段动人的爱情故事及其在沈园创作的《钗头凤》便被世人传唱。《钗头凤》的广泛流传，使得沈园逐渐成为忠贞爱情的代表。后人通过诗词、戏曲、小说、影视作品等多种艺术形式对这段爱情进行纪念与追忆，不断扩展沈园的文化内涵，将其塑造成爱情文化的圣地。

沈园之所以成为中国古代著名的爱情名园，不仅因为陆游与唐婉那段凄美的爱情故事和他们留下的诗词杰作，还因为沈园本身的园林艺术价值和深厚的历史文化传承，这些元素共同铸就了沈园独有的文化韵味和历史价值。

○ ○ ○
夏禹祠与大禹陵是同一个地方吗？

戏咏山阴风物

宋·陆游

万里秦吴税驾迟，还乡已叹鬓成丝。
城边绿树山阴道，水际朱扉夏禹祠。
项里杨梅盐可彻，湘湖莼菜豉偏宜。
图经草草常堪恨，好事它年采此诗。

陆游，南宋时期著名的爱国诗人，以其毕生不息的创作和丰富的作品闻名于世，尤其在爱国主题的诗歌上造诣深厚。他的诗风通常情感深沉，跌宕起伏，既有激昂的爱国之情，也不乏细腻的乡愁。

《戏咏山阴风物》是陆游晚年归隐绍兴后，对家乡自然风光和人文情怀的深情表达。山阴道，自古便是文人赞颂之地，在陆游的诗作中，不仅呈现了其旖旎的自然景观，更蕴含了他对故乡深深的眷恋。

夏禹祠，作为纪念古代治水英雄夏禹的圣地，在诗中象征着山阴深厚的历史文化底蕴，同时，陆游借此表达了其对历史的敬重和对传统的怀念。

诗中提到的项里杨梅、湘湖莼菜，不仅生动描绘了当地的特产，更深刻反映了诗人对家乡风味的热爱和赞美，展现了地方特色与诗人情感的完美结合。

"万里秦吴税驾迟，还乡已叹鬓成丝。"陆游以时空的对比开篇，深刻表达了归乡之路的艰辛和对岁月流逝的感慨。这首诗通过描绘丰富的自然景观和人文情怀，展现了陆游对故乡的深情和对时光流逝的沉思，其细腻的笔法和深远的意境，使这首诗成为抒发乡愁和怀旧情感的经典之作。

大禹，中国古代著名的治水英雄，也是夏朝的创立者。

大禹陵由三大主要建筑群组成：禹陵、禹祠和禹庙。禹陵是大禹的安息之地，位于会稽山麓，构成了大禹陵区的中心，整个陵区占地约两万八千平方米，建筑面积超过两千七百平方米。大禹陵背靠会稽山，面向亭山，前临清澈的禹池。池边矗立着一座青石建造的牌坊，通过一条通道可以进入陵区。

禹祠，作为姒氏家族的宗庙，坐落于大禹陵的南端。这座祠堂面向西方，由前殿、后殿、放生池、曲折的走廊和禹井亭等构成，中间由一个宽敞的院落分隔。禹祠最初由大禹的第六代后裔无余建立，随着时间的流逝，它逐渐演变成祭祀大禹及其宗族的圣地。历经岁月变迁，现存的禹祠是在 1986 年依照原址重建的。祠堂内安放着大禹的雕像，并展陈着与大禹治水故事相关的文物图片、史料以及姒氏家族的族谱。

禹祠前方，坐落着一座名为"放生池"的池塘，而在祠堂的左侧，有一口古井，被命名为禹井，相传是由大禹亲手挖掘。井边建有一座禹井亭，亭中悬挂着一副对联："德泽被万方，轨范昭百代"，这副对联颂扬了大禹的恩泽普及四海，以及他无私奋斗、不屈不挠的精神，成为后人学习的典范，影响着一代又一代人。

在午门之前，还有一座岣嵝亭，亭中存放着一块岣嵝碑，据说是大禹留下的石碑文字。这些文字原本刻在湖南衡山的岣嵝峰，而大禹陵中的这块碑文是明代绍兴知府张明道在嘉靖二十年（1541 年）从长沙岳麓书院复制而来的。

让我们一起探索华夏之源，感受大禹遗风吧。

○○○
会稽山的风光有多美?

寄乐天

唐·元稹

莫嗟虚老海壖西,天下风光数会稽。
灵泛桥前百里镜,石帆山崦五云溪。
冰销田地芦锥短,春入枝条柳眼低。
安得故人生羽翼,飞来相伴醉如泥。

元稹的《寄乐天》是一首充满情感的诗作,写给他的好友白居易,表达了其对友情的珍视和对自然美景的赞美。诗中,元稹以细腻的笔触描绘了会稽(今绍兴)的自然风光,如灵泛桥前的湖泊、石帆山、五云溪等,这些地方不仅有自然美景,也蕴含着丰富的历史文化。

绍兴作为中国历史文化名城,拥有众多自然与人文景观。元稹在诗中提到的景点,不仅风景秀丽,更承载着深厚的文化意义,为诗人的创作提供了无尽的灵感。

在写作技巧上,元稹巧妙地使用了比喻和细节描写,如用"冰销田地芦锥短"来描绘冰雪消融后芦苇的景象。"春入枝条柳眼低"则生动地展现了春天柳树的生机。这些描写生动形象,充满春天的活力。

诗歌的结尾,元稹表达了对友人的深切思念,希望朋友能如飞鸟般来到自己身边,共享欢乐时光。这种对友情的渴望,反映了元稹对人际关系的重视。

《寄乐天》不仅是对会稽自然风光的颂歌,更是对友情的深情表达。元稹以其文学才华,将自然之美与人间情感巧妙融合,创作出这首充满情感深度的诗篇。

会稽山,虽不以峻峭著称,却在历史上享有极高的声誉,其独特的地位是如何形成的? 会稽山究竟是怎样的一座山呢?

自古以来,会稽山便以其显赫名声位列中华名山之中。会稽山的名字来源颇具深意。相传，此山原名茅山，因大禹在此会聚诸侯，计算治水之功，故更名为会计山，后逐渐演变为会稽山。

会稽山与大禹的传奇故事密切相关。据说，大禹在寻找治水良策时，于会稽山发现了一部金简之书，从中领悟了山河的奥秘，从而成功治理了洪水。

作为夏朝的开国君主，大禹的封禅、娶亲、计功等重要事件均在会稽山发生，其陵墓也位于此地。这些历史事件使得会稽山成了夏朝文化的重要组成部分，历经千年，留下了丰富的传说和历史遗迹。

秦始皇，中国历史上的首位皇帝，曾不远万里从都城咸阳东巡至越地，亲自登临会稽山，以祭祀大禹，并望向南海。在这次巡游中，丞相李斯在会稽山立下了著名的会稽刻石，这也成了绍兴历史上的一个别称。

继秦始皇之后，从唐玄宗开始，直至清朝的康乾时期，多位帝王都曾亲临会稽山，参与祭祀活动。我们今天所熟知的"北有黄帝陵、南有大禹陵"，在古代就已有其历史渊源。

"会稽有佳山水"，这是人们对这片土地情有独钟的原因之一。明代的刘伯温也曾赞叹道："东南山水之美，会稽为最。"

春天，宛委山成为女性打卡的热点。春风吹拂，山上的樱花、桃花、梨花依次绽放，色彩斑斓，红如烈焰，粉如朝霞，白如冬雪。花瓣随风飘落，整个山野都笼罩在一片晶莹梦幻之中。

夏天，若耶溪成为夏日打卡的胜地。历经千年，若耶溪的清澈涟漪与平阳寺的晨钟暮鼓依旧和谐共鸣。

秋天，丹桂飘香，这里拥有全国最大的古桂花群落，秋意随着呼吸悄然渗透心脾。

冬天，东白山成为情侣们的爱情圣地，纪念着牛郎织女的美丽传说。在雪中漫步，共赏白头偕老的浪漫。

东晋时期，文人顾恺之游历会稽山后，因其"美商"极高，给予了极高的评价，这也证明了会稽山的美景确实令人赞叹。当人们称赞"会稽有佳山水"，紧接着便会提及"名士多居之"，这也反映了会稽山自古以来的人文繁荣，进一步巩固了其作为名山的地位。

历史上，有三次著名的"衣冠南渡"，其中"永嘉南渡"和"靖康南渡"的主要目的地就包括会稽山所在的越州。

自晋唐时期起，会稽山便成了文人雅士的汇聚之地。在这里，470余位诗人创作了三千多首赞美诗篇，歌颂这片山川之美。

兰亭雅集，历史上著名的文化盛会，正是在会稽山下的兰亭举行。在群山环抱、竹林茂密的环境中，王羲之举办了一场盛大的文化聚会，几十位名士在此挥毫泼墨，创作了流传千古的《兰亭集序》。虽然《兰亭集序》的下落至今仍是个谜，但兰亭的遗风依旧令人向往。王阳明的名字也与会稽山的"阳明洞天"紧密相连，他在这里筑室修行、开坛讲学，开启了他传奇人生的篇章。

会稽山，不仅是一座山，更是一种精神，一种传承，一种生活。让我们一起走进这片古老而又年轻的土地，感受山水之美，沐浴文化之光。

○ ○ ○
李白为何对天姥山魂牵梦萦？

别储邕之剡中

唐·李白

借问剡中道，东南指越乡。
舟从广陵去，水入会稽长。
竹色溪下绿，荷花镜里香。
辞君向天姥，拂石卧秋霜。

李白的《别储邕之剡中》是一首充满旅途风光和离别之情的诗篇，它不仅展现了李白对自然美景的热爱，也表达了他对友情的珍重。

剡中，即今天的浙江嵊州市地区。而剡溪，自古就以其清澈的溪水、苍翠的竹林和清新的荷花而闻名。李白在公元726年的开元年间游览此地，并以这里的景色为背景创作了这首诗。剡中的自然风光不仅令人着迷，其深厚的文化底蕴也吸引了历史上众多文人墨客。

这首诗通过描绘剡中的自然景观，营造了一种清新脱俗、宁静深远的氛围，反映了李白超脱世俗、热爱自然的精神。这种氛围的营造让读者仿佛与诗人同行，共同体验那份宁静和对美好事物的珍视。

《别储邕之剡中》不仅赞美了剡中的自然美景，更深刻地反映了李白的个性和情感，通过简洁的语言和深邃的意境，展现了其诗歌的艺术魅力和独特风格。

天姥山究竟有何魅力，竟能如此吸引李白？其名称与西王母的神话传说紧密相连。据西晋张勃所著《吴录·地理志》最早记载，"天姥"即指西王母，"母"与"姥"在古汉语中发音相同，意义相近。"天姥"这个名字，最早见于晋代书法大家王羲之的作品中。

天姥山坐落于江南东道越州的剡县，即现在的浙江省新昌县。自古以来，天姥山就是文人墨客向往的文化名山，也成了中国山水诗的发祥地。天姥山山脉绵延约十千米，覆盖面积超过三十平方千米。在天姥山的众多山峰中，大尖峰高九百米，细尖峰高八百九十二米，拨云尖（亦称笔架山）高八百二十一米。整座山脉南低北高，层层递升，构成一幅层峦叠嶂的壮丽景观。

天姥山的壮丽风光同样是李白梦寐以求的原因之一。公元 726 年，正值青春年华的李白心怀壮志，志在四方，因此他决然离开故土。在旅途中，他创作了著名的《秋下荆门》，表达了他追求精神富足而非物质享受的志向。这次剡中之行，对李白而言，在精神层面上有着深远的意义。剡溪之旅让他得以一睹剡中名山的风采，而那里的山水之美也给李白留下了难以磨灭的记忆。因此，每当他面临政治上的挫折或心情沉重时，天姥山就会自然而然地出现在他的思绪、言语乃至梦境之中。

与他早年的远行不同，那时的李白满怀壮志，而现在的他却处在经历了人生巅峰后的低谷，他心中的孤独与生活的窘迫不难想象。

天姥山虽不以高度著称，但其景色却极为迷人。这样迷人的风光，对李白来说自然具有极大的吸引力。如果说谢灵运笔下的天姥山主要是描绘其自然之美，那么到了李白的笔下，则更多的是借山水来抒发内心的情感。

○○○

沃洲山与沃洲湖哪个更有名？

送方外上人

唐·刘长卿

孤云将野鹤，岂向人间住。

莫买沃洲山，时人已知处。

《送方外上人》是唐代诗人刘长卿创作的一首送别诗，以送别一位僧侣为题，展现了诗人对这位僧侣的尊重与祝愿，同时，也透露出诗人自己对隐逸生活的向往。接下来，我们从两个维度对这首诗进行解读：一是诗中的地理背景，二是诗人的写作技巧。

沃洲山，坐落于浙江省绍兴市新昌县东部，传说是晋代高僧支遁放鹤养马的地方，这里不仅是佛教的名胜，也象征着一种超脱尘世、宁静致远的修行生活。诗中提及沃洲山，不仅为读者勾勒出一幅具体的地理画面，也隐喻了方外上人追求的精神境界。

诗中"孤云"与"野鹤"的意象，是刘长卿精心挑选的象征。孤云象征着超脱世俗、自在飘逸的修行者；野鹤则象征着方外上人超然物外、无拘无束的精神风貌。这两个意象相辅相成，表达了诗人对方外上人高尚品质的颂扬。

整首诗的语言朴实无华，没有繁复的修饰，却能精准地传达出诗人的情感与思想。刘长卿仅用四句诗，就勾勒出了一个追求清净、超然物外的修行者形象，同时也表达了自己对修行环境的向往与追求。

《送方外上人》这首诗通过地理背景的描绘和写作技巧的运用，不仅表达了诗人对僧侣的敬意与祝福，也透露出诗人自身的隐逸情怀。这首诗意境深远、语言精练、情感真挚，堪称一首艺术价值极高的送别佳作。

东晋时期，沃洲山便在浙东地区声名远扬。据《高僧传》记载，南朝梁代的慧皎曾记述，东晋时期的名僧支遁在此购山隐居，放养仙鹤与马匹。沃洲山不仅是佛教本土化的重要起源地，也被誉为"道家福地中的第十五处"。

沃洲山的名称有何由来？其名源自沃水，沃水是剡溪的源头之一。该地区地势开阔，泉水清澈甘甜，土壤肥沃，香气四溢的草本植物遍布，是水稻和桑麻的主要产地，因其土地富饶，故得名沃洲。沃洲山和沃洲湖也因此得名。

沃洲山，作为浙东诗歌之路的关键节点，自古以来便是唐代文人墨客和高僧们的常聚之地。白居易在《沃洲山禅院记》中写道："东南山水，越为最，剡为首，沃洲、天姥为眉目。非有非凡之景，不足以吸引非凡之人。"这段话反映出沃洲和天姥自古以来便被视作山水绝佳之地，蕴含着深厚的文化意蕴。

沃洲山之所以声名远播，源于其历史上浓厚的文化氛围。东晋时期，这里曾是十八位高僧和十八位名士的聚集地。以竺潜、支遁为首的佛教大师，以及孙绰、王羲之等文人雅士，在此长居，研讨佛经，交流书法艺术，吸引了众多文人墨客的到访。

在唐代，山林游历之风颇为盛行，许多诗人被沃洲的美景和魏晋时期的文化遗韵所吸引，纷纷来到此地。

沃洲山脚下，沃洲湖如宝石般镶嵌其中。20世纪70年代，为了水利建设，当地修建了大坝，形成了一个辽阔的湖泊，即长诏水库。随着水位的上升，许多自晋唐时期以来的古迹已经沉入湖底。

沃洲山巍峨耸立，高达百余丈。李白这位游历名山大川的诗人，以沃洲的美景为标准，写下了"五松何清幽，胜景美沃洲"的赞美之词。唐代的政治家魏征，也用"一声清磬海边月，十里香风涧底松。何代沃洲今夜兴，倚杖来听赤城钟"的诗句，描绘了沃洲的宁静与幽雅。

沃洲山南侧，有一座始建于宋代末期的庙宇——真君殿，它俯瞰着沃洲湖，建筑精巧，气势磅礴。真君殿在清代时进行了重建，成为新昌县内古建筑的代表之作，殿内供奉着抗金名将宗泽。每年农历十月十五，这里会举行盛大的庙会，届时会有目连戏、莲子行等具有地方特色的民间艺术表演。

沃洲山与天姥山隔水而立，山形一平一险。沃洲自古以来便是人杰地灵之地，其"眉目"之喻，不仅在唐代文人的笔下生动展现，更描绘出了东南山水的人文风貌。

五泄的瀑布有百尺吗？

五泄摩崖诗

明·钱德洪

五泄崖倾百尺流，半空雷动玉龙浮。
来人莫惜跻攀力，不到源头不是游。

钱德洪，明代杰出的思想家和教育者，与王阳明有着深厚的学术联系，被认为是阳明心学的杰出继承者。五泄瀑布，位于浙江省诸暨市，以其宏伟的瀑布和独特的自然风光而著称。在游览五泄瀑布时，钱德洪被其壮观的景象深深打动，并创作了这首诗。

这首诗的语言简洁而精确，没有冗余的修饰或复杂的叙述。在有限的篇幅中，钱德洪成功地传达了五泄瀑布的宏伟之美和其内在的深意，显示出其卓越的文学才能。

钱德洪巧妙地将自然景观与哲学思考相融合，不仅呈现了五泄瀑布的自然之美，还通过它来表达对生命哲学的深刻理解。这种"借景抒情"的写作手法在中国古典诗歌中非常普遍，即通过描绘自然景观来表达个人的情感或阐述人生的哲理。

《五泄摩崖诗》不单是一首赞美自然风光的诗，它还是一部蕴含着哲学思想和生活智慧的杰作。通过生动的描写、形象的比喻和深远的寓意，钱德洪将五泄瀑布的壮丽景色和丰富内涵完美地展现出来，让读者在欣赏自然之美的同时，也能获得心灵的触动和提升。

诸暨，这座历史悠久的城市，历经两千多年的沉淀，其深厚的文化底蕴自然流露出来，自古以来便吸引了众多文人墨客的向往和赞美。这里的每处景点似乎都浸透着浓郁的书香，诉说着人们对理想生活的憧憬。

五泄景区得名于五泄溪，而五泄溪之所以闻名，是因为溪流中连续分布着五道壮观的瀑布。当地人习惯将瀑布称作"洩"，而五道瀑布依次排列，形成了五级瀑布的景象,因此得名五洩瀑布。在这里,"洩"和"泄"发音一致,意义相同,它们是同义异体字,通常以"五泄"来书写。五泄瀑布的总长度达到三百三十四米,总落差高达八十余米。这五道瀑布依次相连,分布在不同的山峦之间,形成了一幅连绵不绝的自然画卷。

坐落于五泄湖与五泄瀑布之间的五泄禅寺,是一座历史悠久的唐代寺院,至今香火依旧旺盛。追溯至唐代宪宗李纯的元和三年,也就是公元 808 年,五台山的著名高僧灵默禅师在游历江南时,被五泄的壮美景致深深吸引,决定在此地建立禅院,广招学徒,弘扬佛法。

五泄瀑布的最早文献记载可追溯至北魏时期,由地理学家郦道元在其著作《水经注》中所记。自那时起,历代文人雅士纷纷慕名而来,历史上诸多文学巨匠,包括陆游、白居易等,都曾造访五泄景区,留下了众多颂扬的诗篇。在这些故事中,江南四大才子在五泄的斗诗会尤其引人注目。据记载,在明代正德三年的春季,唐伯虎、祝枝山、文徵明和徐祯卿四位才子相聚于此,共同吟诗作对。

五泄瀑布群的总落差超过八十米,如果按照古代的度量衡来换算,一丈大约是三米,那么八十米的落差大约相当于二十七丈的长度。五泄瀑布的每一级瀑布都以其独特的风貌吸引着游客的目光。

第一级瀑布以其小巧和轻柔著称,水流如同轻纱般缥缈,因此被誉为"月笼轻纱"。它的美丽和细腻,为五泄瀑布群拉开了序幕。

第二级瀑布的落差约为七米,中间的岩石将水流一分为二,形成两道珠帘般的水流,随风飘动,古人形象地称之为"双龙出海"。这级瀑布以其动感和活力,展现了大自然的力量。

第三级瀑布以其宽阔的瀑面和平缓的水势而独树一帜。水流在岩石上翻滚跳跃,形成千姿百态的景象,古人形容其为"无奇不有"。这级瀑布以其多样性和变化,让人赞叹不已。

第四级瀑布以其独特的形态引人注目。溪水在狭窄的深槽中旋转翻腾,犹如烈马奔腾,故有"烈马奔腾"之称。这级瀑布以其狂野和不羁,展现了大自然的不羁之美。

从五泄禅寺继续前行两三百米,便可抵达五泄瀑布的最后一级,这级瀑布也被称为"蛟龙出海"。这级瀑布气势磅礴,水流从高处倾泻而下,犹如蛟龙出海,令人叹为观止。五泄瀑布的每一级都以其独特的魅力,展现了大自然的神奇与壮丽。

○○○
鉴湖有多大?

夜过鉴湖

宋·戴昺

推篷四望水连空，一片蒲帆正饱风。
山际白云云际月，子规声在白云中。

戴昺，一位活跃于宋末元初的诗人，以其对自然景观的精妙描绘而闻名。他的作品常常捕捉自然界中的微妙变化，并通过这些细节来传达深远的意境。位于浙江绍兴的鉴湖，以其悠久的历史和迷人的风光，成为文人雅士向往的胜地。

在《夜过鉴湖》这首诗中，戴昺并未直接抒发个人情感，而是通过细腻地描绘夜晚的鉴湖，让读者感受到他内心的平和与宁静。这种情感的流露，是通过诗人对周围自然景观的深入观察和体验来实现的，显示了其卓越的文学造诣。

诗篇以"推篷四望水连空"开篇，用一个动作"推篷"，将读者的视野引向无边的湖面。紧接着的"水连空"，进一步描绘了湖面与天空的融合，构成了一幅宏伟的自然图景。"子规声在白云中"，诗人巧妙地将听觉的"子规声"与视觉的"白云"相融合，让整个场景更加立体，充满了生命力。这种将声音与景象相结合的技巧，不仅增强了诗作的感染力，也展现了诗人对自然之美的深刻洞察和细腻感知。

《夜过鉴湖》这首诗通过精心设计的画面布局、动静相宜、空间感的营造以及声音与景象的和谐统一，不仅展现了鉴湖夜晚的宁静与美丽，也传达了诗人内心的宁静与自在。

鉴湖位于浙江省绍兴市柯桥区，为浙江名湖之一。俗话说"鉴湖八百里"，当年的鉴湖大概是三十个西湖那么大，可想当年鉴湖之宽阔。鉴湖之名始于北宋，唐代时叫镜湖，相传因黄帝铸镜于此而得名。鉴湖是古代江南最大的水利工程之一，开凿于东汉永和五年，由会稽太守马臻主持修建，技术水平居于当时全国领先地位，距今已有一千八百多年历史。南宋诗人王十朋说，"越地之有鉴湖，犹如人之有肠胃"。鉴湖，是绍兴名副其实的"母亲湖"。驰名中外的绍兴老酒，即用此湖水酿造。

鉴湖的面积经历了历史上的变迁。古鉴湖在东汉时期由会稽太守马臻主持兴建时，湖面面积逾两百平方千米，周长约一百八十千米，是一个庞大的水利工程，对当地的灌溉和防洪起到了重要作用。鉴湖湖面宽阔，水势浩渺，水上古迹颇多。其中，镜水桥称得上是古时绍兴最著名的浮桥之一。据《古鉴湖的兴废及其历史教训》所载，宋代围垦前的古鉴湖面积为两百零六平方千米，其中绍兴的东湖为一百零七平方千米，西湖为九十九平方千米。

而今，鉴湖的面积则大幅减小，现有数据表明其面积约三十平方千米，主干道东起亭山，西至湖塘，长约二十二千米，形态上呈现为一条镶嵌在绍兴平原上的宽窄相间的河道。此外，鉴湖风景名胜区的面积约为十九平方千米，外围保护地带面积约为三十七平方千米，柯岩风景区所见到的鉴湖是其中的一小部分，有不少文化遗迹，其中快阁遗址是陆游中年时赋诗读书处，后改为陆放翁祠。乘坐游船游览鉴湖，可抵达鲁镇码头，这是根据鲁迅笔下的"鲁镇"而创建的。

作为一处具有丰富文化和自然景观的湖泊，鉴湖仍然吸引着众多游客前来游览。